────────────── 님의 소중한 미래를 위해
이 책을 드립니다.

부처의 인생 수업

살아갈 힘을 주는 불교의 가르침

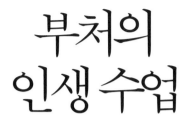

부처의
인생 수업

석가모니 지음 | 강현규 엮음 | 김익성 옮김

메이트북스

메이트북스 우리는 책이 독자를 위한 것임을 잊지 않는다.
우리는 독자의 꿈을 사랑하고,
그 꿈이 실현될 수 있는 도구를 세상에 내놓는다.

부처의 인생 수업

초판 1쇄 발행 2025년 4월 10일
지은이 석가모니 **|** **엮은이** 강현규 **|** **옮긴이** 김익성
펴낸곳 (주)원앤원콘텐츠그룹 **|** **펴낸이** 강현규·정영훈
등록번호 제301-2006-001호 **|** **등록일자** 2013년 5월 24일
주소 04607 서울시 중구 다산로 139 랜더스빌딩 5층 **|** **전화** (02)2234-7117
팩스 (02)2234-1086 **|** **홈페이지** matebooks.co.kr **|** **이메일** khg0109@hanmail.net
값 15,500원 **|** **ISBN** 979-11-6002-938-3 03100

"나는 부처에게서 인생의 해답을 찾았다"

· 철학자 쇼펜하우어 ·

나는 힘들고 지칠 때
불교를 읽는다!

지치고 힘든 삶을 사는 현대인들에게

최고의 치료제가 되고 있는 불교!

한국 사회에서 불교의 인기가 심상치 않다. 아이돌그룹 멤버인 가수 장원영이 불교 관련 책을 방송에서 언급하며 마음의 위로를 얻는다고 해서 엄청난 화제가 되었고, 부캐인 뉴진스님으로 활동하는 개그맨 윤성호는 불교 EDM으로 제2의 전성기를 누리며 국내외 불교 행사장을 다니고 있다.

불교를 소재로 한 헤르만 헤세의 소설 『싯다르타』가 2002년도에 첫 출간된 후 약 20년 만에 역주행하고 있으며, 2024년엔 전국 대학교에 불교동아리가 40여 개나 새로 신설되었다. 템플 스테이 같은 불교 관련 문화에 대한 관심도 높아지고 있다.

이렇듯 최근 불교가 다시 주목받고 있는 데는 여러 이유가 있다. 무엇보다도, 비종교적이고 실용적인 불교의 가르침이 가장 큰 원인일 것이다. 불교는 신을 믿기보다 '삶의 지혜'를 가르치는 종교로 인식된다. '고통의 원인을 이해하고 극복하는 법' '과거나 미래에 얽매이지 않고 현재를 충실하게 사는 법' 같은 불교의 현실적이고 실천적인 교리가 현대인들에게 아주 매력적으로 다가오는 것이다.

게다가 불교가 지향하는 미니멀리즘과 무소유 정신이 소비주의와 경쟁이 심한 현대 사회에서 주목받고 있는 것도 불교의 전성기에 한몫하고 있다. '적게 소유하고, 단순하게 살며, 내면의 평화를 찾는 삶'을 원하는 사람들이 갈수록 많아지고 있는 현실에서 불교가 단순한 종교를 넘어 '삶의 방식'으로 재조명되고 있는 것이다.

개인적인 측면과 사회적인 측면을 함께 고민하는 불교의 실천적 가르침은 힘이 세다! 부쩍 커진 불교의 영향력은 혼란 가득한 한국 사회에서 앞으로도 하나의 큰 흐름으로 계속 이어지리라 보여진다.

아름다운 불경으로 손꼽히는

『숫타니파타』와 『법구경』을 재구성하다!

하지만 막상 불교에 관심이 생겨 불교 경전을 읽을라치면 애초에 생각했던 '대중적인 불교'가 아닐 수 있다. 대개의 불교 경전들이 생각보다 구성이 산만하고, 내용이 복잡하고, 개념이 어렵기 때문이다. 특히 부처가 활동하던 원시불교 이후에 새롭게 등장한 대승불교의 대승경전(반야심경, 금강경, 법화경, 화엄경, 지장경, 아미타경 등)에는 철학적이고 개념적인 내용들이 많아 다소 어렵게 느껴질 수 있다. 원시불경은 부처의 말씀을 제자들이 부처 사후에 생생하게 기록한 초기 불교 경전이다. 이와 달리, 주로 인도에서 전해진 경전을 중국과 한국에서 번역한 대승경전은 부처의 말씀을 해석하고 설명한 개념적이고 형이상학적인 내용이 많이 포함되어 있기 때문이다.

원시불경의 장점은 부처의 순수한 초기 가르침을 직접 접할 수 있고, 형이상학적이고 개념적인 불교의 철학보다는 실천 중심의 가르침을 얻을 수 있다. 간단한 아포리즘 형식이어서 불교를 처음 접하는 사람이라도 쉽게 읽을 수 있다. 그래서 원시불경 중에서도 잠언(아포리즘) 형식으로 구성되어 일반인들이 읽기에 쉬운 데다가 부처의 목소리를 가장 생생하게 담아낸 『숫타니파타』와 『법구경』을 편역해 한 권의 책으로 묶었다.

『숫타니파타』와 『법구경』은 원시불교의 가장 대표적인 기념비적인 불경들이다. 원시불경과 달리 대승경전은 거의 대부분 부처 본인의 직설이라고 할 수는 없기에 불교의 순수한 근본을 알기 위해선 필히 부처에게로 돌아가 생생한 가르침을 직접 듣는 것이 필요하다.

우선 『숫타니파타』는 불교세계에서 현존하는 경전 가운데 가장 오래된 불교 경전으로, 부처의 초기 설법에 가장 가깝다. '경전들의 모음'이라는 뜻을 가진 이 경전은 부처의 설법을 부처 사후에 제자들이 모여 운문 형식으로 구성한 이후 전래되어온 것으로 전해진다. 5개의 장으로 분할되어 1천 개 이상의 시구를 중심으로 구성되어 있는데, 그 내용은 너무나 청정하고 아름답다.

다음으로 『법구경』은 불경 중에서 전 세계에서 가장 많이 읽히는 불경으로, '진리의 말씀'으로 번역할 수 있다. 원시불교 교단 내에서 다양한 형태로 구전되던 시를 모아놓은 이 불경은 철학적이고 개념적인 면보다는 짧게 서술된 아포리즘들로 부처의 실천적인 가르침을 생생하게 전한다. 그래서 비불교도에게는 삶의 의미를 알려주는 최고의 책이라고 할 수 있고, 불교도들에게는 쉽고 간결한 아포리즘으로 불교에 본격적으로 입문할 수 있게 도와주는 책이라 할 수 있다.

'원문의 결은 최대한 살리되 기존 완역서의 복잡함과 산만함은 없애 현대의 독자들이 보다 수월하게 완독을 할 수 있도록 하자'

는 것이 이 편역서의 취지다. 그런 취지 아래 지나치게 의역을 한 시중의 초역본들과 달리 경전의 원문을 최대한 그대로 번역하되 부처의 생애를 장황하게 다룬 내용이나 지금 시대에 맞지 않는 불필요한 내용 등은 과감히 덜어냈다.

그리고 독자들의 이해를 돕고자 목차 구성을 완전히 새롭게 해서 원서가 가지고 있던 구성상의 산만함을 없앴으며, 내용이 반복되거나 유사한 칼럼을 삭제 및 통합한 후 200개가 넘는 칼럼마다 칼럼 제목을 완전히 새로 달았다. 같은 단어라도 일상에서의 개념과는 완전히 다르게 해석되는 불교 개념어들과 피상적으로 이해하기 십상인 불교 개념어들에 대한 역주도 달았다.

바른 마음, 바른 생각, 바른 행동으로
인생의 수많은 번뇌가 눈 녹듯 사라지길!

노새와 수레를 타고 다니던 그 옛날에도, 첨단 인공지능 시대라 불리는 지금도 우리 인간은 여전히 늙음, 질병, 죽음의 괴로움을 그 누구도 피해갈 수 없다. 번뇌와 집착이 가득한 삶이 아닌 여유롭고 행복한 삶을 살려면 우리는 어떻게 해야 할까?

부처의 말씀에 따르면 모든 존재는 '괴로움(고통)'이다. 근원적 고통인 생로병사 외에 사랑하는 사람과의 이별, 욕망과 탐욕, 집착해 살아가는 것 등 그 모든 것이 괴로움이다. 이러한 괴로움은

"이 세상에 영원한 것은 없다"라는 깨달음과 수행에 의해서 사라지는데, 그런 과정을 거쳐 마침내 중간 과정인 해탈과 궁극적 목표인 열반에 이르게 된다.

　불교의 교조인 부처는 내면을 응시함으로써 깨달음에 도달하는 것이 고뇌로부터 해방되는 유일한 길임을 천명한 바 있다. 부처가 열반에 들며 마지막으로 남긴 유언은 "모든 것은 변화한다. 끊임없이 정진하라"였다. 아무쪼록 이 한 권의 책이 계기가 되어 바른 마음과 바른 생각과 바른 행동으로 생활해 인생의 많은 번뇌가 눈 녹듯 사라지길 기원한다.

엮은이_ 강현규

| 차례 |

2장   탐욕을 없애면 괴로움이 저절로 사라집니다

(3장) 집착을 내려놓으면 괴로움에서 벗어납니다

5장 무소의 뿔처럼 의연하게 혼자 가야 합니다

6장 진실되게 말하고, 남을 헐뜯지 말아야 합니다

7장　평화롭고 자비로운 마음을 가져야 합니다

(8장) 악행은 다음 생에 내게로 꼭 되돌아옵니다

1장

영원한 것은 없기에
인생은 고통의 연속입니다

어리석은 자의 삶은
너무도 힘들고 지칩니다

잠 못 드는 자에게는 기나긴 밤이여!

피곤하고 지친 자에게는 머나먼 길이여!

참된 법(正法, '진정한 법'을 의미하는 정법은 불교에서는 진리, 즉 부처의 가르

침을 뜻함-옮긴이)을 알지 못하는 어리석은 자에게는 너무도 긴 삶

이여!

어둠에 둘러싸인 당신은
왜 등불을 찾지 않습니까?

이 세상이 불타고 있는데 그대는 어찌 웃음이 나오고 어찌 즐거울 수 있습니까? 어둠에 둘러싸여 있는 그대는 왜 등불을 찾지 않습니까?

이 세상은 어둠에 덮여 있으니 이 세상을 볼 수 있는 자는 지극히 적습니다. 마치 그물에서 벗어난 새처럼 천상으로 오르는 자 역시 지극히 적습니다.

백조는 태양이 가는 길을 따르고 기적 같은 힘으로 하늘을 뚫고 날아갑니다. 지혜로운 자는 마라(불교에 등장하는 마왕으로, '해탈하지 못하게 막는 존재'를 뜻함-옮긴이)와 그의 군대를 정복하고 이 세상에서 벗어납니다.

어디에도 집착하지 않으면
진리에 머물 수 있습니다

어디에도 집착하지 않고 해탈(윤회의 굴레를 끊고, 괴로움과 번뇌에서 벗어나 깨달음에 이르는 상태를 가리킴-옮긴이)해 아무런 번뇌도 없는 자, 이 사람은 바른 수행에 전념하는 자입니다.

진리에 머물고 진리에 기뻐하며 진리를 명상하고 진리를 따르는 자, 이 수행자는 결코 참된 진리에서 벗어나지 않습니다.

생각 없이 어리석은 사람은
윤회의 삶을 헤맵니다

살만 쪄서 마구 먹어대는 이, 게으르고 빈둥거리는 이. 이런 어리석은 이는 사육하는 돼지와 같으니 몇 번이고 태어나고 또 태어나는 윤회(전생에서의 행위가 현생에 영향을 미치고, 현생에서의 행위가 다시 다음 생에 영향을 주면서 삶과 죽음이 반복되는 순환과정을 의미함-옮긴이)의 길에서 벗어나지 못할 것입니다.

생각 없는 사람에게는 욕망(불교에서의 욕망은 고통의 근본 원인으로, 탐욕과 분노와 어리석음이 계속 반복되면서 욕망이 괴로움을 만듦-옮긴이)이 덩굴처럼 자랍니다. 마치 과일을 찾아 이 나무에서 저 나무로 옮겨 다니는 원숭이처럼 그는 이번 생에서 다음 생으로 끝없이 헤매 다닙니다.

괴로움에 대해 알아야
해탈에 이를 수 있습니다

괴로움(불교에서는 괴로움을 삶의 본질적인 특성으로 보며, 단순한 육체적 고통뿐 아니라 불만족과 '욕망의 미충족'과 '삶의 덧없음'까지 포함함-옮긴이)이 무엇이고 괴로움이 어디에서 비롯되는지 알지 못하고, 어디에서 괴로움이 완전히 멈추고 무엇이 괴로움을 소멸로 이끄는 길인지 알지 못하는 이들! 이들은 '마음의 해탈(탐욕, 분노, 어리석음 등의 번뇌에서 벗어나 완전한 자유와 평온을 얻는 것을 의미함-옮긴이)'도, '지혜의 해탈(무지와 집착에서 벗어나 사물의 진리를 깨닫고 완전한 자유를 얻는 것을 의미함-옮긴이)'도 이루지 못해 윤회를 끝낼 수 없으니, 진실로 태어나고 늙는 일을 거듭해서 겪습니다.

괴로움이 무엇이고 괴로움이 어디에서 비롯되는지 알고, 어디에서 괴로움이 모두 완전히 멈추고 무엇이 괴로움을 소멸로 이끄는 길인지 아는 이들! 이들은 '마음의 해탈'을 이루고 '지혜의 해탈'을 이루어 윤회를 끝낼 수 있으니, 태어나고 늙는 일을 겪지 않습니다.

세상의 모든 괴로움은
집착에서 생겨납니다

세상에 있는 괴로움이 얼마나 많고 다양하든 모두 집착을 원인으로 생겨납니다. 무지한 자는 집착을 만들어내고, 이런 어리석은 자는 그 집착 때문에 다시 괴로움을 겪습니다.

그러므로 지혜로운 자는 괴로움이 어디에서 생겨나고 비롯되는지를 알아 집착을 만들어내지 않습니다.

육신은 조각조각 흩어지고,
삶은 죽음으로 끝납니다

옷 아래 가려진 이 덩어리! 상처로 뒤덮이고 서로 이어져 있으며
병들고 수많은 생각으로 가득 차 있으나 아무 힘도 없고 영원히
붙들어 둘 수도 없는 이 덩어리를 보기 바랍니다.

이 육신(내 육신은 '나'가 아니기에, 내 육신은 계속 변하기에 몸의 감각에 집착
하지 말 것을 불교에서는 강조함-옮긴이)은 세월 따라 피폐해지고 질병
으로 가득해져 부서지기 쉽습니다. 결국 육신은 썩은 더미로 조각
조각 흩어지고, 삶은 진정 죽음으로 끝나고 맙니다.

마치 목동이 채찍을 들고 소 떼를 몰아 목장으로 들어가듯, 늙음
과 죽음도 우리 생명을 몰고 갑니다.

죽은 자의 뼈를 바라보며
무슨 기쁨이 있겠습니까!

희끄무레한 이 뼈를 보세요. 마치 가을 들녘에 버려진 조롱박 같

지 않습니까. 이 뼈를 바라보면서 무슨 기쁨이 있겠습니까?

뼈로 성곽을 짓고 그 위를 살과 피로 덮은 이 육신! 그 육신 속에

늙음과 죽음, 교만과 위선이 함께 머뭅니다.

왜 자기 죽음에 대해
생각하지 않나요?

'여기서 장마를 보내고, 여기서 여름과 겨울을 날 것이다.'
어리석은 자는 이렇게만 생각하지, 자기 죽음에 대해서는 생각하지 않습니다.

마치 홍수가 나서 잠든 마을을 휩쓸어가듯, 죽음은 자기 자식과 가축 무리를 자랑하는 이를 찾아와 휩쓸어갑니다. 자식도, 부모도, 친척도 모두 소용없습니다. 일가친척이라도 죽음에 붙들린 이를 어쩔 수 없습니다.

이해할 수 없는 인간의 삶은
온통 고통뿐입니다

어떤 원인도 없고 이해할 수도 없는 것, 그것이 바로 이 세상 인간의 삶입니다. 그 삶은 비참하고 짧으며 온통 고통뿐입니다.

이미 태어난 존재는 무슨 수를 쓰든 죽음을 피하지 못합니다. 나이가 들면 죽음에 이르는 것, 생명이 본시 그러한 것입니다.

잘 익은 과일이 일찍 떨어질 위험에 처하듯, 태어난 인간은 언제나 죽음의 위험을 안고 살아갑니다. 도공이 흙으로 빚은 그릇도 결국에는 깨지는 법이니, 인간의 삶 또한 그러합니다.

젊거나 늙었거나, 어리석거나 지혜롭거나, 인간은 누구나 죽음의 손아귀 아래 놓여 있으니, 누구도 죽음을 피하지 못합니다.

이 세상의 모든 존재는
행위에 묶여 있습니다

세상은 행위(業, 불교에서의 행위는 업을 의미하는데, 좋은 행위와 나쁜 행위로 나뉘어진 업은 다음 생에서의 삶의 질과 상황을 결정지음-옮긴이)에 따라 존재합니다.

우리 인간 또한 행위에 따라 존재합니다. 수레가 계속 달릴 수 있도록 수레바퀴를 고정하는 못처럼 모든 존재는 서로의 행위에 묶여 있습니다.

누구라도 자신의 업에 따라
가야 할 곳으로 갑니다

죽음에 무릎을 꿇고 저세상으로 간 사람들 중에서 아버지는 자기
아들을 구하지 못하고, 친척도 다른 친척을 구하지 못합니다.
보세요! 친척이 지켜보며 크게 울부짖어도 마치 도살장에 끌려가
는 소처럼 인간은 한 사람씩 한 사람씩 죽음으로 끌려갑니다.
죽어가는 다른 사람을 보세요. 죽음의 권세 그 아래로 떨어져 이
미 이 세상에서부터 떨고 있으니, 자신이 범한 업에 따라 마땅히
가야 할 곳으로 갑니다.

자신이 저지른 악업에서
결코 벗어날 수 없습니다

하늘도 아니요, 바다 한가운데도 아닙니다. 깊은 산속 동굴에 숨어본들 소용없습니다. 자신이 저지른 악업에서 벗어날 수 있는 곳은 이 세상 그 어디에도 없습니다.

하늘도 아니요, 바다 한가운데도 아닙니다. 깊은 산속 동굴에 숨어본들 소용없습니다. 죽음에서 벗어날 수 있는 곳은 이 세상 그 어디에도 없습니다.

이 세상의 화려함을
신기루로 여겨야 합니다

이 세상은 마치 왕의 전차처럼 빛납니다. 어리석은 자는 여기에
빠져 헤어 나오지 못하지만, 지혜로운 자는 그 화려함에 마음을
빼앗기지 않습니다.

이 세상을 물거품으로 여겨야 합니다. 이 세상을 신기루로 여겨야
합니다.

이 몸이 한낱 물거품 같음을
깨달아야 합니다

이 몸이 한낱 물거품 같은 것임을 알아야 합니다. 이 몸이 신기루처럼 허울뿐임을 깨달아야 합니다.

이런 이치를 깨달은 자는 꽃처럼 피어난 쾌락(불교에서는 괴로운 느낌에서 탈출하기 위해 감각적 쾌락을 좇으면 오히려 고통에 집착하게 된다고 말함-옮긴이)의 화살을 꺾으리니 결코 죽음의 왕을 만나지 않을 것입니다.

수많은 생을 힘들게 헤맸던
이유를 알아야 합니다

이 육신을 지어낸 자를 찾아 수많은 생을 헤매야 했으나, 그를 찾
을 수 없었으니 태어나고 또 태어나는 일은 고통이었습니다.
하지만 이제 이 육신을 지어낸 자를 찾았으니 다시는 이 육신을
짓지 말아야 합니다. 서까래는 부서졌고 대들보는 조각났으나 니
르바나(Nirvana, '꺼짐, 소멸'이라는 뜻을 가진 산스크리트어 니르바나의 음차
인 열반은 해탈의 궁극적인 목표로, 고통의 순환에서 완전히 벗어나 모든 집착과
번뇌에서 완전히 자유로운 상태를 뜻함-옮긴이)를 향해 가는 마음은 모든
욕망의 소멸에 이르렀습니다.

육신에 대한 욕망을
버려야 합니다

세상에서 '이름'이나 '집안'이라고 일컫는 건 그저 부르는 명칭에 지나지 않으며, 여기저기에서 이렇게 저렇게 불리는 건 세상의 관습에 따라 그렇게 이해된 것입니다.

죽은 저 송장도 살아 있는 이 몸과 같았을 것이요, 살아 있는 이 몸도 언젠가 죽은 저 송장처럼 될 것이니, 안으로나 밖으로나 육신에 대한 욕망을 버려야 합니다.

쾌락에 정신이 팔리면
죽음이 당신을 덮칩니다

죽음은 꽃을 따 모으듯 쾌락에 온통 정신이 팔려 있는 자를 휩쓸어갑니다. 홍수가 잠든 마을을 휩쓸어가듯.

죽음은 꽃을 따 모으듯 쾌락에 온통 정신이 팔려 있는 자를 덮칩니다. 그 쾌락을 모두 맛보기도 전에.

단 하루를 살더라도
덕을 행하며 살아야 합니다

악행을 범하고 무절제하게 백 년을 살기보다 하루를 살더라도 덕
을 행하고 마음을 닦는 삶이 더 낫지 않습니까.

무지하고 무절제하게 백 년을 살기보다 하루를 살더라도 지혜롭
게 마음을 닦는 삶이 더 낫지 않습니까.

게으르고 나약하게 백 년을 살기보다 하루를 살더라도 굳은 의지
속에 사는 삶이 더 낫지 않습니까.

삶의 진리를 모르고서
백 년을 사는 건 허망합니다

세상 만물의 시작과 끝을 알지 못한 채 백 년을 살기보다 단 하루를 살더라도 세상 만물의 시작과 끝을 알고 사는 삶이 더 낫지 않습니까.

불멸을 알지 못한 채 백 년을 살기보다 단 하루를 살더라도 불멸을 깨우치고 사는 삶이 더 낫지 않습니까.

위없는 진리(불교에서의 진리란 깨달음을 통해 인간이 고통에서 벗어나 해탈할 수 있는 길을 제시하는 보편적이고 근본적인 법칙을 의미함-옮긴이)를 알지 못한 채 백 년을 살기보다 위없는 진리를 깨닫고 사는 삶이 더 낫지 않습니까.

진리를 얻지 못한 자는
지난날을 한탄할 뿐입니다

젊어서 적절한 규율을 지키지도 못했고 귀중한 진리도 얻지 못한
자는 마치 백로가 물고기 하나 없는 호수에서 죽어가듯이 그렇게
죽어갑니다.

젊어서 적절한 규율(석가모니에 의해 본격적인 불교가 출범하면서 집착을
없애기 위한 개별적인 규율들이 만들어짐-옮긴이)을 지키지도 못했고 귀
중한 진리도 얻지 못한 자는 마치 부서진 활처럼 좋았던 지난날
을 한탄하기만 합니다.

우주를 지배하는 것보다
내 안의 깨달음이 낫습니다

인간으로 살아가며 이 땅을 다스리는 것보다, 천상으로 오르는 것보다, 모든 우주를 지배하는 것보다 깨달음의 첫 단계에 이르는 것이 더 낫습니다.

인간으로 태어남은 어려운 일이요, 인간으로 살아감도 어려운 일입니다. 진리의 법(正法, 부처의 가르침을 의미함-옮긴이)을 듣는 일도 어려우나, 깨달음을 얻어 불성(佛性, 모든 존재가 본래 깨달음을 얻을 수 있는 잠재력을 가지고 있다는 개념임-옮긴이)에 이르는 일은 더욱더 어렵습니다.

육신은 가장 큰 고통,
니르바나는 최고의 행복입니다

욕망보다 뜨거운 불길은 없고, 증오보다 더한 악행은 없습니다. 이 육신보다 더한 고통은 없고, 니르바나보다 더한 행복은 없습니다.

굶주림은 가장 나쁜 병이요, 육신은 가장 큰 고통입니다. 이를 진정으로 깨닫게 된다면 그것이야말로 니르바나요, 으뜸가는 행복입니다.

건강은 으뜸가는 선물이요, 만족은 으뜸가는 부(富)입니다. 믿음은 으뜸가는 관계요, 니르바나는 으뜸가는 행복입니다.

니르바나를 좇는 자에게는
모든 욕망이 끝날 것입니다

지혜로운 자는 살생을 범하지 않고 언제나 자기 몸을 잘 다스리니, 불변의 자리(니르바나)에 이릅니다. 니르바나에 이르면 더는 고통받지 않을 것입니다.

늘 깨어 있고 밤낮으로 공부하며 니르바나를 좇는 자에게는 모든 욕망이 끝날 것입니다.

모든 존재는 소멸하고,
모든 존재는 고통입니다

모든 존재는 소멸합니다. 이런 이치를 깨달은 자는 고뇌에 흔들리지 않으니, 이것이 바로 청정(불교에서의 '청정'은 깨달음으로 가는 중요한 요소로, 단순한 청결이 아니라 맑고 깨끗한 심신의 상태를 의미함-옮긴이)에 이르는 길입니다.

모든 존재는 고뇌요, 고통입니다. 이런 이치를 깨달은 자는 고뇌에 흔들리지 않으니, 이것이 바로 청정에 이르는 길입니다.

모든 형상에는 실체가 없습니다. 이런 이치를 깨달은 자는 고뇌에 흔들리지 않으니, 이것이 바로 청정에 이르는 길입니다.

모든 것을 절제하면
온갖 고뇌에서 벗어납니다

눈을 절제하면 좋은 일이요, 귀를 절제해도 좋은 일입니다. 코를
절제하면 좋은 일이요, 혀를 절제해도 좋은 일입니다.

몸을 절제하면 좋은 일이요, 말을 절제해도 좋은 일입니다. 생각
을 절제해도 좋은 일입니다. 모든 것을 절제하면 좋은 일이니, 수
행자가 모든 것을 절제하면 온갖 고뇌에서 벗어납니다.

육신의 쾌락에 탐닉하면
그릇된 길에 빠집니다

욕망에 따라 움직이는 이들, 세상의 쾌락에 얽매인 이들은, 다른
이가 이들을 해탈시켜줄 수도 없을뿐더러 과거와 미래를 찾으면
서 현재와 과거에 육신이 맛본 쾌락을 갈망하기 때문에 해탈하기
어렵습니다.

육신의 쾌락에 탐닉하고 거기에 열중하며 미혹된 이들, 인색한 이
들은 그릇된 길에 빠져 괴로움을 겪으면서 이렇게 울부짖습니다.
"여기서 죽으면 우리는 어떻게 될까?"

영원한 것은 없기에
모두 사라지기 마련입니다

단호히 욕망의 흐름을 끊어내야 합니다. 그리고 단호히 모든 욕망
을 버려야 합니다.

'만들어진 것이 언젠가 모두 사라진다'는 것을 깨달으면, 만들어
지지 않은 니르바나의 경지를 깨닫게 될 것입니다.

과거와 미래를 버리고,
현재도 버려야 합니다

저쪽 기슭(彼岸, 불교에서 말하는 '저쪽 기슭'인 피안은 현실 세계의 모든 고
통이 사라진 유토피아를 뜻함-옮긴이)에 닿아 깨달음을 얻게 되는 이는
아주 적습니다. 다른 사람은 이곳 기슭을 오르락내리락할 뿐입니
다. 하지만 율법(불교도가 지켜야 할 행위규범을 가리키는 불교용어임-옮긴
이)의 가르침을 제대로 받아 그 율법을 따르는 자는 제아무리 넘
기 어렵더라도 죽음의 손아귀에서 벗어나 저쪽 기슭에 이르고야
맙니다.

생사의 저편 기슭에 이르기 위해서는, 과거를 버리고 미래를 버리
고 현재도 버려야 합니다. 마음이 완전히 자유로워지면 다시는 생
사의 윤회에 들지 않을 것입니다.

과거를 아쉬워하지도 말고,
현재를 붙잡지도 말아야 합니다

앞(과거)에 있는 것을 내려두어야 합니다.

아무것도 뒤(미래)에 두지 말아야 합니다.

중간(현재)에 있는 것을 붙잡으려 하지 않아야 합니다.

이렇게 할 때 평온하게 살아갈 것입니다.

윤회의 끝에 이른 사람이
진정한 수행자입니다

당당하고 기품 있으며 늠름하고 위대한 현자이며 정복자이자, 흔들림 없고 완성되었으며 깨달은 자를 일컬어 진정한 수행자라고 합니다.

자신의 지난 생을 알고 천상의 기쁨과 지옥의 고통을 알며, 태어나고 죽는 윤회의 끝에 이른 자, 완전한 지혜를 갖춘 현자요 이룰 수 있는 것을 모두 이룬 자를 일컬어 진정한 수행자라고 합니다.

깨우친 사람은 신실함으로
헛됨을 몰아냅니다

깨우친 자는 신실함으로 헛됨을 몰아냅니다. 이 지혜로운 자는 지
혜의 계단을 올라 그 정상에서, 마치 산꼭대기에 오른 자가 저 아
래 평지에 서 있는 자를 내려다보듯 그렇게 어리석은 자를 내려
다봅니다. 고뇌(불교의 핵심 가르침 중 하나로, 모든 존재가 경험하는 고통과
불만족을 의미함-옮긴이)에 사로잡힌 자들을 고요히 바라봅니다.

무지한 자 가운데 신실한 자, 잠든 자들 가운데 깨어 있는 자는 지
혜로운 자입니다. 그는 마치 느린 말을 제치고 달리는 날랜 말처
럼 앞서 나아갑니다.

2장

탐욕을 없애면
괴로움이 저절로 사라집니다

쾌락에 물들어 살지 않고,
감각을 절제해야 합니다

바람이 불어와 약한 나무를 쓰러뜨리듯, 마라(불교에서 중생의 뜨거운 번뇌를 빨아먹는 낙으로 사는 마왕-옮긴이)는 오로지 쾌락에 물들어 삽니다. 감각(불교에서의 감각은 우리의 감각 기관을 통해 세상과 접촉하는 경험을 의미하는데, 이러한 감각의 접촉이 고통을 일으킬 수 있다고 가르침-옮긴이)을 절제하지 못하며 식탐이 강하고 게으르고 나약한 자는 마라에 쉽게 굴복합니다.

아무리 바람이 분다 한들 바위산을 무너뜨리지 못하듯, 쾌락에 물들어 살지 않고 감각을 절제하며 식탐이 없고 신실하고 강한 자는 마라에 절대 굴복하지 않습니다.

탐욕을 버린 자는
더 이상 쾌락을 좇지 않습니다

아주 작은 마을이면 어떻고 숲속이면 어떻습니까. 깊은 물속이면 어떻고 메마른 대지라면 어떻습니까. 이런 존귀한 이가 머무는 곳이면 어디든 기쁨이 흘러넘칩니다.

숲이야말로 즐거운 곳! 탐욕을 버린 자는 더 이상 쾌락을 좇지 않기에 세상이 즐거움을 구하지 않는 그곳에서 즐거움을 찾습니다. 작은 즐거움을 버려 큰 즐거움을 얻을 수 있다면, 지혜로운 자는 작은 즐거움을 버리고 큰 즐거움을 구합니다.

쾌락에 목말라하는 자는
결국 파멸합니다

쾌락은 어리석은 자를 파멸시킵니다. 하지만 다른 기슭을 찾는 이
까지 파멸시키지는 못합니다.

어리석은 자는 쾌락에 목말라하다가 자신을 파멸시킵니다. 마치
자신의 적이 자신인 듯 그렇게 합니다.

육신의 쾌락에서
번뇌가 비롯됩니다

육신이 느끼는 쾌락은 참으로 갖가지이고 달콤하며 매혹적이지만, 여러 모습을 하고선 마음을 동요시킵니다. 번뇌(불교에서의 번뇌는 탐욕, 분노, 어리석음을 포함한 부정적인 감정과 생각들이며, 번뇌를 극복하는 것이 불교 수행의 중요한 목표 중 하나임-옮긴이)가 육신의 쾌락에서 비롯됨을 깨닫고 코뿔소의 뿔처럼 혼자 가야 합니다.

이런 육신의 쾌락이 내게는 재앙이며 종기요, 불행이자 질병이며, 극심한 고통이자 위험이니, 이런 위험이 육신의 쾌락에서 비롯됨을 깨닫고 코뿔소의 뿔처럼 혼자 가야 합니다.

육신의 쾌락을
욕망하지 말아야 합니다

육신의 쾌락을 욕망하는 자가 그 쾌락을 얻게 되면 분명 기쁜 마음을 갖게 되니, 필멸자(언젠가는 반드시 죽는 존재인 인간을 의미함-옮긴이)인 인간이 바라는 것을 얻었기 때문입니다. 그러나 그런 육신의 쾌락을 욕망하고 바라는 자가 그 쾌락을 얻지 못하면, 화살에 맞은 사람처럼 괴로워합니다.

반면에 뱀의 머리를 발로 밟는 일을 피하듯이 육신의 쾌락을 피하는 자는 자기 마음을 집중하고 챙겨 그런 욕망이 무릎을 꿇게 만듭니다.

온갖 쾌락을 탐하며 살면
죄악이 그를 압도합니다

땅이나 재물, 금, 소나 말, 하인이나 여자나 친척처럼 다양한 쾌락
을 탐하는 이들! 마치 부서진 배에 물이 쏟아져 들어오듯 죄악이
그를 압도하고 위험이 그를 짓누르며 괴로움이 그를 따릅니다.
그러므로 항상 마음을 집중해 챙기고 쾌락을 피해야 합니다. 쾌락
을 버리고 배의 물을 퍼내어 저 강을 건너 저쪽 기슭에 이르러야
합니다.

자기 의무를 다하는 자는
유혹과 욕망을 물리칩니다

마치 마부 손에 잘 길든 말처럼 자기 감각을 잘 다스리고 교만을 버리고 욕망에서 자유로운 자라면, 천상의 신조차 이들을 부러워합니다.

자기 의무를 다하는 자는 대지처럼 모든 것을 포용하고 인드라의 번개(인드라는 인도 신화에서 신들의 왕이며, 번개는 인드라의 상징이면서 삿된 걸 정화하는 의미가 있음-옮긴이)처럼 군건하며 티 없이 맑은 호수와도 같으니, 그에게는 거듭 태어나는 윤회가 찾아오지 않습니다.

참된 진리로 자유를 얻어 고요한 사람이 되면, 그의 생각은 고요하고 그의 말과 행동도 고요합니다. 그 무엇도 쉬이 믿지 않으나 영원한 진리를 깨달은 자, 모든 속박을 끊고 모든 유혹을 물리치고 모든 욕망을 벗어던진 자, 그야말로 가장 훌륭한 사람입니다.

무욕을 추구하며
욕망을 떨쳐버려야 합니다

욕망이 이끄는 대로 행동하는 사람은 덫에 걸린 산토끼처럼 사방으로 내달립니다. 족쇄와 사슬에 묶여 오래도록 거듭되는 고통을 겪습니다. 그러니 수행자는 스스로 무욕을 추구하며 욕망을 떨쳐버려야 합니다.

욕망의 숲을 버리고 나와서 니르바나에 이른 자가 다시 숲의 삶으로 돌아가고, 욕망의 숲에서 벗어난 이가 다시 숲으로 달려가는 모습을 보세요. 속박에서 풀려났으나 다시 속박으로 돌아갑니다.

강렬한 욕망을 굴복시키면
온갖 고통이 사라집니다

이 세상에서 독으로 가득 찬 이런 강렬한 욕망에 굴복한 사람이
라면 누구에게나 비 맞은 잡초가 무성하게 자라듯 온갖 고통이
커져만 갑니다.

이 세상에서 정복하기 어려운 이런 강렬한 욕망을 굴복시킨 사람
이라면, 연잎 위에서 물방울이 떨어지듯 그에게서 온갖 고통이 사
라집니다.

욕망의 소멸은
모든 고통을 이깁니다

진리를 베푸는 것은 모든 선물 가운데 으뜸입니다. 진리의 달콤함
은 모든 달콤함 중에서 으뜸입니다.

진리의 기쁨은 모든 기쁨 가운데 으뜸입니다. 그러므로 욕망의 소
멸은 모든 고통을 이깁니다.

욕망이 덩굴처럼 자라지 않도록
뿌리째 뽑아야 합니다

여기 모인 모든 이들에게 이르노니, 향초의 뿌리를 찾는 이라면 반드시 잡초를 뿌리째 뽑아내야 하듯 그렇게 욕망의 뿌리를 뽑아 버려야 합니다. 그렇지 않으면 거센 물살이 갈대를 쓰러뜨리듯, 마라(마왕)가 다시금 짓밟을 것입니다.

나무가 잘려도 뿌리만 성하면 다시 자라나듯 욕망을 뿌리째 뽑아 버리지 않는 한, 이런 삶의 고통은 되돌아옵니다.

욕망은 물길처럼 사방으로 흐르고, 덩굴처럼 싹을 틔웁니다. 욕망이 덩굴처럼 자라는 것을 보거든, 지혜로 그 뿌리를 잘라버려야 합니다.

한 그루가 아닌 욕망의 숲을
베어내야 합니다

한 그루 욕망의 나무를 베어내는 것으로는 안 됩니다. 욕망의 숲 모두를 베어내야 합니다.

위험은 이 욕망의 숲에서 나오니, 이 욕망의 숲과 덤불을 남김없이 모두 베어내면 그대는 욕망의 숲에서 벗어나 진정 자유로워질 것입니다.

질긴 족쇄를 끊어내야
욕망과 쾌락을 뒤로합니다

지혜로운 자는 단단한 쇠나 나무, 그리고 질긴 삼으로 만든 족쇄를 강하다고 하지 않습니다. 더 강하고 질긴 족쇄는 재물에 대한 탐욕과 가족에 대한 집착입니다.

지혜로운 자는 사람을 아래로 끌어내리고 느슨하지만 풀기 어려운 족쇄를 강하다고 합니다. 마침내 이 족쇄를 끊어낸 사람은 아무 근심 걱정 없이 욕망과 쾌락을 뒤로한 채 마침내 이 세상에서 벗어납니다.

욕망의 노예가 된 사람은 자기가 만든 거미줄에 걸려 허우적거리는 거미처럼 욕망의 물결에 휩쓸려갑니다. 마침내 이런 족쇄를 끊어낸 사람은 아무 근심 걱정 없이 욕망과 쾌락을 뒤로한 채 이 세상에서 벗어납니다.

자식과 재산에 대한 집착에서
벗어나야 합니다

'이들은 나의 자식이요, 이것은 내 재산이다.'

어리석은 자는 이렇게 생각하며 괴로워합니다.

하지만 그대 자신조차 그대의 것이 아닐진대 어찌 자식이며 재산

이 그대의 것이겠습니까?

세상에 내 것이 없으니
취하거나 버릴 게 없습니다

육신의 쾌락을 찾지 않는 이를 일컬어 '고요한 사람'이라고 합니다. 이미 욕망을 넘어섰으니, 그에게는 어떤 속박도 없습니다. 그에게는 자식도, 가축도, 땅도, 재산도 없습니다. 그러니 그에게는 취할 것도 없고, 버릴 것도 없습니다.

탐욕(불교에서는 쾌락, 물질적 소유, 명예 등에 대한 욕망이 과도하게 형성되면 탐욕으로 변해 고통의 원인이 된다고 봄-옮긴이)에서 벗어나 아무 욕심도 없으니 지혜로운 자는 자신이 남보다 낫지도, 같지도, 못하다고도 여기지 않습니다. 그는 시간에 얽매이지 않으니, 시간에서 해탈합니다.

욕망에 나를 내맡기면
욕망은 탐욕으로 변질됩니다

옛것에 기뻐하지 말고 새것을 잠자코 견디지 말아야 합니다. 이미 잃어버린 것을 슬퍼하지 말고, 욕망에 자신을 내맡기지 말아야 합니다.

이처럼 자신을 내맡기는 욕망을 탐욕이라고 합니다. 이 탐욕은 커다란 물살이고 다급함이요, 갈망이고 고통이며, 건너기 힘든 욕망의 수렁이 됩니다.

모든 욕망을 다스리는 법을
우리는 배워야 합니다

'내가 진리다'라는 생각은 번뇌요 망상입니다. 그러므로 이런 번뇌요 망상의 뿌리를 완전히 잘라내야 합니다.

언제나 온 마음을 다해 마음속에서 일어나는 모든 욕망을 다스리는 법을 배워야 합니다.

의심이 잠잠해짐을 기뻐하고, 늘 성찰해야 합니다

마음이 의심으로 흔들리고 탐욕으로 가득하며 즐거움만 갈구하면, 욕망이 점점 더 커져만 가고, 자기 족쇄가 자신을 더 강하게 옭아맵니다.

의심이 잠잠해짐을 기뻐하고 언제나 자신을 성찰하며 육신의 부정함처럼 불쾌한 것을 관조하는 자는 마침내 죽음의 속박을 끊어내고 벗어버릴 것입니다.

늘 깨어 있으면서
육신에서 벗어나야 합니다

다른 사람이 육신으로 인해 괴로워하는 것을 보고, 깨어 있지 못한 사람이 그 육신으로 인해 고통받는 것을 보세요. 그러니 다시 태어나 존재하지 않으려거든 늘 깨어 있으면서 육신에서 벗어나야 합니다.

욕망에 사로잡혀 쇠락함에 괴로워하고 굴복하는 이를 보세요. 그러니 다시 태어나 존재하지 않으려거든 늘 깨어 있으면서 욕망에서 벗어나야 합니다.

탐욕이 주는 쾌락은 짧고,
그 끝은 고통뿐입니다

황금이 소나기처럼 쏟아져도 탐욕을 채우지는 못합니다. 탐욕이
주는 쾌락은 짧고 그 끝은 고통뿐임을 아는 자는 지혜로운 사람
입니다.

천상의 쾌락이라도 만족과 기쁨을 주지 못합니다. 완전한 깨달음
을 얻은 수행자는 오로지 모든 욕망이 사그라질 때만 기쁨을 느
낍니다.

당신의 이런 탐욕에서
바로 파멸이 시작됩니다

부유하면서도 젊은 시절이 지나 나이를 먹은 부모를 돌보지 않는 사람이라면, 거기에서 바로 파멸이 시작됩니다.

엄청난 재물이 있고 많은 황금과 먹을거리를 가지고 있으면서도 여전히 달콤한 것을 홀로 즐기는 사람이라면, 거기에서 바로 파멸이 시작됩니다.

여자에 빠지고 술과 도박에 빠져 자신이 번 것이라면 무엇이든 써버리는 사람이라면, 거기에서 바로 파멸이 시작됩니다.

적게 먹고 적게 원하며,
탐욕을 피해야 합니다

배를 비우고 음식은 적게 먹으며, 적게 원하며 탐욕을 피해야 합니다. 그렇게 하면 욕망에 휘둘리지 않으며, 욕망이 없어도 행복해집니다.

존재하지 않는 것을 두고
슬퍼해서는 안 됩니다

세상에서 유쾌함과 불쾌함이라고 불리는 것은 모두 욕망에서 생겨납니다. 세상에 내 것이라 부를 만한 것이 아무것도 없으니 더이상 존재하지 않는 것을 두고 슬퍼하지 않으며 참된 가르침 속에서 걸어가되 욕망을 멀리하니, 그를 일컬어 '고요한 사람'이라고 합니다.

유쾌한 것을 찾지 말아야 하고, 불쾌한 것도 찾지 말아야 합니다. 유쾌한 것은 보지 못해서 고통이요, 불쾌한 것은 봐서 고통일 뿐이기 때문입니다.

무언가를 바라는 이에게는 항상 욕망하는 그 무언가가 있으며, 자신이 계획한 바를 행하면서 두려움에 떱니다. 하지만 죽음도 없고 다시 태어남도 없는 이가 무엇 때문에 떨고 무엇을 욕망하겠습니까?

욕망으로 들어찬 이 배를
비워야 합니다

기쁨에 넘쳐 자비롭게 행동하고 부처의 가르침 속에 고요히 머무
는 수행자는, 아무런 탐욕도 남아 있지 않아 고요한 곳인 니르바
나에 이르게 될 것입니다.

오, 수행자여, 욕망과 미움이 들어찬 이 배를 비워야 합니다. 배를
비우면 빠르게 나아가니, 욕망과 미움을 끊어내면 그대는 니르바
나에 이를 것입니다. 마치 구름을 벗어난 달처럼 이 세상을 밝게
비출 것입니다.

승리도 패배도
모두 버려야 합니다

패배한 자는 불행합니다. 그러므로 승리는 증오를 낳습니다.

승리도, 패배도 모두 버린 자는 만족하며 행복해합니다.

사랑과 욕망이 주는 향락을
따르지 말아야 합니다

어리석은 자는 헛된 것을 좇으며 사악한 지혜를 지닌 자를 따릅니다. 반면에 지혜로운 자는 신실함을 자신이 지닌 최고의 보화처럼 마음에 품고 삽니다.

헛된 것을 좇지 말고, 사랑과 욕망이 주는 향락을 따르지 말아야 합니다. 신실하게 정진하며 수행하는 자는 더할 나위 없는 기쁨을 얻을 것입니다.

신기루 같은 거짓된 명성을
좇지 말아야 합니다

어리석은 자는 거짓된 명성을 바라기에 수행자 사이에서 늘 앞에
서려고 하며, 권위를 내세우고 다른 사람 사이에서 숭배받기를 바
랍니다.

'신도든 속세를 떠난 수행자든 모두 이 일을 내가 행한 것으로 생
각하게 하시고, 해야 할 일과 하지 말아야 할 일 모두 내게 묻도록
하옵소서.'

어리석은 자의 생각이 이와 같으니, 욕망과 교만만이 더 커질 뿐
입니다.

잡초는 들을 망치고,
욕망은 우리를 망칩니다

잡초는 들을 망치고, 증오는 우리를 망칩니다. 그러므로 증오심 없는 자에게 도움을 베풀면 크게 보답받습니다.

잡초는 들을 망치고, 허영은 우리를 망칩니다. 허영심 없는 자에게 도움을 베풀면 크게 보답받습니다.

잡초는 들을 망치고, 욕망은 우리를 망칩니다. 욕망에서 벗어난 자에게 도움을 베풀면 크게 보답받습니다.

3장

집착을 내려놓으면
괴로움에서 벗어납니다

집착하는 것이
괴로움의 원인입니다

집착(불교에서는 변화와 무상을 받아들이지 못하고 고정된 관념을 가짐으로써 고통의 원인인 집착이 발생한다고 봄-옮긴이)에서 벗어났고 분별력 있는 이에게는 악업을 쌓을 일도 없습니다. 어떤 일에도 애쓰지 않으면서 어디에서나 행복을 찾습니다. 육신의 쾌락을 삼가고, 집착하지 않으며, 항상 자기 마음을 챙기고 자신을 되돌아봄으로써 행복을 얻은 이는 동요하지 않습니다.

반면에 이런 이치를 알지 못한 탓에 집착하는 어리석은 사람은 거듭 고통을 겪게 되나니, 지혜로운 사람이라면 집착하지 말아야 합니다. 이런 집착이 태어남과 괴로움의 원인이기 때문입니다.

집착이라는 집을 떠나
자유를 찾아야 합니다

속세의 어두운 상태를 떠나서 수행자의 밝은 상태를 따라야 합니다.

지혜로운 자는 집착이라는 집을 떠나 집착 없는 자유로운 상태로 나아가니, 이렇게 물러서서 아무 기쁨도 없어 보이는 곳에서 기쁨을 찾아야 합니다.

모든 쾌락을 뒤로하고
번뇌를 부숴야 합니다

모든 쾌락을 뒤로하고, 그 무엇도 자기 것이라 부르지 않으며, 마음에서 모든 번뇌를 씻어내야 합니다.

마음이 지식의 일곱 요소[불교에서의 칠각지(七覺支)를 뜻하는 것으로, 깨달음에 이르기 위한 일곱 가지 중요한 요소임 -옮긴이]에 터를 잘 잡아 무엇에도 집착하지 않으며, 집착에서 벗어남에 기뻐하고, 번뇌를 부수고 빛으로 가득한 자는 심지어 이 세상에서조차 니르바나에 이른 자입니다.

집착하는 대상이 없으면
염려할 일이 없습니다

자식이 있는 사람은 자기 자식 때문에 기뻐합니다. 마찬가지로 소를 가진 사람은 소 때문에 기뻐합니다. 집착하는 대상은 사람에게 기쁨을 주기도 하지만, 집착하는 대상이 없는 사람에게는 기뻐할 것도 없습니다.

자식이 있는 사람은 자기 자식 때문에 염려합니다. 마찬가지로 소를 가진 사람은 자기 소 때문에 염려합니다. 집착하는 대상은 사람에게 염려를 불러일으키기도 하지만, 집착하는 대상이 없는 사람에게는 염려할 것도 없습니다.

기뻐할 것이 없으면
슬픔과 두려움이 없습니다

기쁨은 슬픔을 낳고, 기쁨은 두려움을 낳습니다. 그러니 기뻐할
것이 없으면 아무 슬픔도 없고, 아무 두려움도 없습니다.

사랑은 슬픔을 낳고, 사랑은 두려움을 낳습니다. 그러니 사랑할
것이 없으면 아무 슬픔도 없고, 아무 두려움도 없습니다.

애욕은 슬픔을 낳고, 애욕은 두려움을 낳습니다. 그러니 애욕을
부릴 것이 없으면 아무 슬픔도 없고, 아무 두려움도 없습니다.

갈망은 슬픔을 낳고, 갈망은 두려움을 낳습니다. 그러니 갈망할
것이 없으면 아무 슬픔도 없고, 아무 두려움도 없습니다.

탐욕은 슬픔을 낳고, 탐욕은 두려움을 낳습니다. 그러니 탐욕을
부릴 것이 없으면 아무 슬픔도 없고, 아무 두려움도 없습니다.

가족에 대한 기대를 내려놓고
혼자 가야 합니다

큰 대나무가 가지와 서로 얽혀 있듯이, 자식과 아내에 대한 기대도 그러합니다. 하지만 대나무 싹이 그 무엇에도 들러붙지 않듯이 코뿔소의 뿔처럼 혼자 가야 합니다.

묶여 있지 않은 숲속 짐승이 원하는 때면 언제나 먹이를 찾아나서듯, 오로지 자기 의지에 따라 코뿔소의 뿔처럼 혼자 가야 합니다.

내 것이 아닌 이름과 형상에
집착하지 않아야 합니다

분노하지 말고 교만하지 말며, 모든 속박을 뛰어넘어야 합니다.
이름과 형상에 집착하지 않으며 그 무엇도 자기 것이라 여기지
않는 자에게는 고통이 닥치지 않습니다.

마치 질주하는 전차처럼 분노가 일어도 그 분노를 다스리는 자,
그를 진정한 마부라 부릅니다. 다른 자들은 그저 고삐만 쥐고 있
을 뿐입니다.

사랑으로 분노를 뛰어넘고, 선으로 악을 뛰어넘으며, 관대함으로
탐욕을 뛰어넘고, 진실로 거짓을 뛰어넘어야 합니다. 이름과 형상
을 내 것이라 여기지 않고 그것이 없어져도 전혀 비탄에 빠지지
않는 사람, 그를 진정한 수행자라 부릅니다.

'이것은 나의 것이다'라는
생각을 내려놓아야 합니다

이름과 형상에 아무 집착도 없고, 더 이상 존재하지 않는 것을 두고 슬퍼하지 않는 이는 진정으로 세상에서 쇠락하지 않습니다. 이름과 형상에 대한 탐욕이 완전히 사라진 이에게는 그를 죽음의 손아귀에 떨어지게 할 아무 번뇌도 없습니다.

'이것은 나의 것이다'라고 생각하지 않으며 '다른 사람의 것이다'라고도 생각하지 않는 자는 '내 것'이라는 생각에서 벗어났으니 내 것이라 할 만한 것이 전혀 없어도 슬퍼하지 않습니다.

존재에 대해 어떤 집착도
만들지 말아야 합니다

나는 이 세상에서 존재에 대한 욕망에 사로잡힌 채 떨고 있는 인간이라는 족속을 봅니다. 이들은 반복되는 존재에 대한 욕망에서 벗어나지 못한 채 죽음의 문턱에서 비참하게 탄식합니다.

말라붙을 지경에 이른 시냇물 속의 물고기처럼, 내 것이라는 집착으로 허우적거리는 저들을 보세요. 이를 보고 내 것을 버리며 존재에 대해 어떤 집착도 하지 않으면서 살아가야 합니다.

'이것은 내 것'이라는 생각은
죽으면 사라집니다

이 삶은 채 백 년도 되지 못하니 참으로 짧습니다. 그보다 더 오래 산다 해도 결국 늙어서 죽습니다.

사람은 이기심으로 슬퍼하고, 끊임없이 걱정하다가 죽습니다. 이 세상은 온갖 실망으로 가득하니, 이를 알았으면 세속의 삶에 머물지 말아야 합니다.

'이것은 내 것'이라고 생각하는 것조차도 죽으면 사라집니다. 이를 알았으니 나를 따르는 지혜로운 자는 세속적인 것에 빠지지 말아야 합니다.

겉으로 드러난 표식에
집착하지 않아야 합니다

깨달음에 이른 사람은 어떤 (철학적) 견해나 (논리적) 사유에 집착하지 않으며, 그것으로 교만함에 빠지지 않습니다. 그는 그런 사람이 아니기 때문입니다. 그는 (종교적) 수행이나 (전통적) 관습이 이끄는 대로 행동하지 않으며, 그는 어떤 마음의 쉼터에도 머물지 않습니다.

겉으로 드러난 표식에 집착하지 않는 이에게는 어떤 속박도 없으며, 지혜로 해탈에 이른 자에게는 어떤 어리석음도 없습니다. 그러나 표식과 (철학적) 견해에 집착하는 이는 세상을 떠돌면서 사람을 괴롭힙니다.

보거나 생각한 어떤 것에도
집착하지 않아야 합니다

탐욕스러운 이들은 내 것에 집착하는 이기심 탓에 슬픔과 애통함과 탐심을 버리지 못합니다. 그렇기에 지혜로운 자는 탐욕을 버리고 평온함(니르바나)을 찾아 떠돕니다. 물방울이 연꽃에 들러붙지 않듯, 성자(聖者, 불교에서는 고통과 번뇌를 극복하고 진리와 깨달음을 이룬 존재를 뜻함-옮긴이)는 보거나 듣거나 생각한 그 어떤 것에도 집착하지 않습니다.

이 세상에서 보고 듣고 생각된 것이 많으나 이렇게 인식된 것 가운데 사랑하는 대상에게 더 이상 욕망을 갖지 않고 집착하지 않는 영원불멸의 상태, 이것이 바로 니르바나입니다.

이를 깨닫고 마음을 챙겨 고요함에 든 이는 이미 평온하고 신성한 법을 보았으니, 이들은 이 세상 욕망을 이미 뛰어넘었습니다.

무엇에도 집착하지 않으면
진정 수행하는 삶입니다

무지한 자는 아무리 많은 경전을 외우더라도 이를 수행하지 않습니다. 이런 자는 마치 다른 이의 소를 헤아리는 목동과 다르지 않으니, 이런 삶은 수행하는 삶과 전혀 무관합니다.

계율을 따르는 이는 비록 외울 수 있는 경전이 얼마 되지 않더라도 탐욕과 미움과 어리석음을 버리고 진리에 따라 마음의 평정을 얻어 이 세상이나 다음 세상에서 그 무엇에도 집착하지 않으니, 이런 삶이야말로 실로 수행하는 삶입니다.

크고 작은 모든 속박을
불처럼 태워버려야 합니다

진심으로 기뻐하는 수행자는 자신의 무지를 두려운 눈으로 바라보며, 자신을 얽어매는 크고 작은 모든 속박(불교에서의 속박은 자아나 욕망에 대한 집착으로 인해 자유로움이나 해탈을 이루지 못하는 상태를 의미함-옮긴이)을 불처럼 태워버리며 정진합니다.

수행을 기뻐하며 무지를 두려운 눈으로 바라보는 수행자는 자신의 완벽한 상태에서 멀어질 수 없으니 이제 니르바나에 가까워졌습니다.

마음을 잘 추스른 채
집착 없이 길을 걸어갑니다

한 길은 부귀로 가는 길이요, 다른 길은 니르바나로 향하는 길이니, 수행자가 이를 깨달았다면 명예를 갈망하지 않고 속세의 집착에서 벗어나도록 정진해야 합니다.

수행자는 마음을 잘 추스른 채 집착 없이 떠납니다. 재물을 탐하지 않으며 공(空, 불교의 핵심 개념 중 하나인 '공'은 단순히 '없다'는 의미가 아니라 '모든 존재는 고정된 실체나 영원한 본질이 없다'는 의미임-옮긴이)과 함께 무조건적 자유(니르바나)를 깨달은 자, 이들이 걸어가는 길은 하늘을 나는 새의 길처럼 이해하기 어렵습니다.

욕망이 잠잠해지고 기쁨에 빠지지 않으며 공과 함께 무조건적 자유(니르바나)를 깨달은 자, 이들이 걸어가는 길은 하늘을 나는 새의 길처럼 이해하기 어렵습니다.

욕망의 속박을 이겨낸 이는
부러워할 것이 없습니다

그는 진정으로 지혜롭고 깨달음을 얻은 이입니다. 진리를 깨닫고
서 그 무엇에도 기대지 않습니다. 세상을 바르게 살아가며 누구도
부러워하지 않습니다.

세상에서 끊어내기 어려운 욕망의 속박을 이겨낸 이는 슬퍼하지
도 않고, 탐내지도 않습니다. 그는 흐름을 끊어냈고(불교에서 '흐름
을 끊어낸다'는 것은 욕망, 탐욕, 분노와 같은 불순한 마음의 흐름이 계속 이어지
지 않게 끊어내는 것을 의미함-옮긴이), 아무 속박도 없습니다.

이번 생에서의 인연이 다하면
집착을 놓아야 합니다

그 무엇도 사랑하지 말아야 합니다. 집착을 놓아야 합니다.

사랑하는 이를 잃는 것은 고통입니다. 아무것도 사랑하지 않고 아

무것도 미워하지 않는 자는 그 무엇에도 얽매이지 않습니다.

죽은 자로 인해 애통해하면
이 집착으로 고통이 커집니다

슬퍼해서 얻는 득이 있다면, 지혜로운 자도 똑같이 슬퍼합니다.

울어봐야, 슬퍼해봐야 그 일을 통해서는 마음의 평안을 얻지 못합니다. 오히려 고통은 더 커지고 몸만 상하게 됩니다.

울어봐야, 슬퍼해봐야 자신을 해치며 몸은 야위고 얼굴은 창백해집니다. 하지만 죽은 자를 구원하지 못합니다. 그러니 애통해해봐야 부질없는 일입니다.

슬픔을 버리지 않으면 더 깊은 고통의 수렁에 빠져듭니다. 죽은 자를 애통해하다가 스스로 슬픔의 권세 아래로 떨어집니다.

망자를 위해 슬퍼하는 건
부질없는 짓입니다

세상은 죽음과 쇠퇴로 고통받고 있으니, 지혜로운 자는 세상 이치가 본시 그러함을 알고 슬퍼하지 않습니다.

망자가 어디서 왔는지, 어디로 가는지 알지 못합니다. 그 두 끝을 보지 못한 채 그를 위해 슬퍼하는 것이야말로 세상에서 가장 부질없는 짓입니다.

슬픔의 근원은 집착이니
애통함을 다스려야 합니다

사람이 백 년을 넘게 살더라도 결국에는 가족·친척과 헤어져 이 세상의 삶에서 떠나갑니다.

그러니 성자의 말씀을 듣고서 애통함을 다스려야 합니다. 죽어 떠나간 자를 보고 이렇게 말해야 합니다.

"나는 그를 더 이상 보지 못하리라."

마음속에 일어난 슬픔을
재빨리 날려버려야 합니다

집에 난 불을 물로 끄듯, 지혜롭고 현명하며 배움이 깊고 영리한 자는 마음속에 일어난 슬픔을 재빨리 날려버려야 합니다. 바람이 솜뭉치를 날리듯 그렇게.

자신의 행복을 바라는 사람이라면 자기 마음에 박힌 애통함과 욕심 그리고 슬픔(불교에서는 슬픔을 단순히 감정적인 반응으로 보지 않고 세상의 고통과 무상성을 직시한 결과로 보기에 마음의 집착인 슬픔을 해소할 것을 강조함-옮긴이)이라는 화살을 뽑아내야 합니다.

슬픔이라는 화살을 뽑아내고 그 무엇에도 집착하지 않으면 마음의 평온을 얻습니다. 온갖 슬픔을 뛰어넘으면, 등잔의 불이 꺼지듯 슬픔에서 벗어나 평온한 상태에 이릅니다.

이미 죽어 사라진 그를
당신은 보지 못합니다

잠에서 깨고 나면 꿈속에서 마주친 것을 다시 보지 못하듯, 이미
죽어 사라진 사랑하는 사람도 보지 못합니다.
눈으로 볼 수 있고 귀로 들을 수 있는 사람은 특별한 이름으로 불
리지만, 죽고 나면 죽은 이의 이름만 썩지 않고 남습니다.

두려움도 없어야 하고,
아무 속박도 없어야 합니다

생의 이쪽 기슭도 저쪽 기슭도 없으며 양쪽 어느 기슭도 없는 자,
두려움도 없고 아무 속박도 없는 자, 그를 일컬어 진정한 수행자
라 합니다.

사려 깊고 떳떳하며 안정되고 의무를 다하며 아무 정념도 없어
최고의 목적인 니르바나를 이룬 자, 그를 일컬어 진정한 수행자라
합니다.

속박에서 벗어나
자유롭게 나아가야 합니다

'몸'과 '말'과 '생각'으로 나쁜 짓을 범하지 않고, 이 셋을 잘 다스리는 이를 일컬어 수행자라 합니다.

좋은 집안에서 태어나 교만하고 가진 게 많다고 해서 수행자라 하지 않습니다.

가진 게 없어 가난하지만 모든 집착에서 벗어난 이를 일컬어 진정한 수행자라 합니다.

모든 속박을 끊어버렸고 두려움에 떨지 않으며 속박에서 벗어나 자유로운 자를 일컬어 진정한 수행자라 합니다.

분노에서 벗어나고 의무를 다하며 덕이 있고 한 점 탐욕도 없으며 지금의 육신이 윤회의 마지막 육신인 자를 일컬어 진정한 수행자라 합니다.

4장

오직 나 자신을 돌아보고
더욱 가다듬을 뿐입니다

지혜로운 사람은
자신을 지키고 가다듬습니다

변방의 성을 안팎으로 굳게 지키듯 자신을 잘 지켜야 합니다. 한순간도 놓치지 말아야 합니다. 올바른 순간을 놓치면 지옥(불교에서의 지옥은 단지 죽은 후의 물리적 장소가 아니라 윤회의 한 부분으로서 사후의 고통이나 내적인 고통의 상태를 의미함-옮긴이)에 떨어져 고통을 겪습니다.

우물을 만드는 자는 자기가 원하는 대로 물길을 이끌고, 화살을 만드는 이는 화살을 곧게 폅니다. 목수는 통나무를 구부려 다듬고, 지혜로운 이는 자신을 가다듬습니다.

자신의 어리석음을 모르기에
그는 진정 어리석습니다

어리석은 자가 자신의 어리석음을 안다면 적어도 그것만으로도
어리석지 않습니다.
그러나 어리석은 자가 자신의 어리석음을 알지 못한다면 그야말
로 진정으로 어리석은 자입니다.

한 점 후회가 남지 않을
행동을 해야 합니다

어리석은 자는 지혜가 부족하니 쓰디쓴 결과를 맺을 게 분명한
악행을 거듭합니다. 그러다가 결국에는 자기 자신을 가장 큰 적으
로 삼고야 맙니다.

어떤 행동을 하고 나서 그 행동에 후회만 남는다면 그 행동은 잘
못된 것이니, 그 행동에 대한 대가로 쓰디쓴 후회의 눈물을 흘리
게 될 것입니다.

어떤 행동을 하고 나서 그 행동에 한 점 후회도 남지 않는다면 그
행동은 옳은 것이니, 그 행동에 대한 대가로 더할 나위 없는 기쁨
과 즐거움을 누리게 될 것입니다.

악한 행동은 사라지지 않고
끝끝내 그를 따라다닙니다

악한 행동의 결과가 아직 무르익지 않은 동안에 어리석은 자는
그런 행동을 꿀처럼 달게 여기지만, 그런 행동의 결과가 무르익으
면 비로소 쓰디쓴 고통을 겪습니다.

악한 행동은 마치 갓 짜낸 우유와 같아서 곧바로 엉기지 않습니
다. 하지만 재 속의 불씨처럼 꺼지지 않고 끝끝내 어리석은 자를
따라다닙니다.

그리하여 이 악한 행동이 알려지고 어리석은 자에게 슬픔을 안겨
주니, 이런 악한 행동은 어리석은 이의 복을 산산조각내고 그의
영혼을 찢어놓습니다.

나 자신과 싸워 이기는 것이
가장 위대한 일입니다

전장에서 백만의 적과 싸워 이기는 것보다 자기 자신과 싸워 이기는 것, 이것이야말로 가장 위대한 일입니다. 자기 자신과 싸워 이기는 것이 다른 모든 이들과 싸워 이기는 것보다 진정으로 낫습니다.

신이나 마왕도, 자기 자신과 싸워 이겨 늘 자제하면서 살아가는 자의 승리를 패배로 바꾸지 못합니다.

배우지 못한 자는
황소처럼 늙어갈 뿐입니다

배우지 못한 자는 마치 황소처럼 늙어갑니다.

사람으로 태어나 배우지 못하면 육신은 자랄지 몰라도 지혜는 결
코 자라지 않습니다.

자신이 소중하다면
자신을 잘 보살펴야 합니다

자기 자신이 소중하다면 자신을 잘 보살펴야 합니다.
지혜로운 자라면 젊거나, 나이 들었거나, 늙어가는 인생의 세 단
계 가운데 단 한 번이라도 자신을 잘 살펴보아야 합니다.

헛된 일에 마음을 쓰면
나를 보살피지 않게 됩니다

헛된 일에 마음을 쓰고 자신을 수양하는 데 마음을 쓰지 않는 자
는 이 삶의 진정한 목표를 잊고서 오직 쾌락에 붙들려 있는 것입
니다.
그렇게 살아간 사람은, 결국 시간이 흐르면 스스로 수양에 힘쓴
사람을 부러워하게 됩니다.

게으르고 나태한 자는
진리의 길을 찾지 못합니다

일어나세요! 게으름을 피우지 말아야 합니다!

일어나야 할 때 일어나지 않는 자, 젊고 강하면서도 게으르고 의지와 마음이 나약한 자. 이렇듯 게으르고 나태한 이는 진리에 이르는 길을 결코 찾지 못합니다.

태만하고 무지한 자는
번뇌가 점점 더 커져갑니다

해야 할 일은 소홀히 하면서 하지 말아야 할 일을 하며 방종하고
무지한 자에게는 번뇌가 점점 더 커져만 갑니다.

해서는 안 될 일은 따르지 않고 마땅히 해야 할 일을 꾸준히 하는,
조심스럽고 지혜로운 자에게는 번뇌가 점점 사라져갑니다.

해야 할 일이 있다면 선뜻 나서서 부지런히 힘써야 합니다. 수행
자가 게으르고 태만하면 자기 번뇌의 먼지만을 더 널리 흩뿌릴
뿐입니다.

죄의 법을 따르지 말고,
덕의 법을 따라야 합니다

일어나세요! 덕의 법을 따라야 합니다! 덕이 있는 자는 이 세상에서도, 다음 세상에서도 지극한 행복을 누립니다.

덕의 법을 따르고, 죄의 법을 따르지 말아야 합니다. 덕이 있는 자는 이 세상에서도, 다음 세상에서도 지극한 행복을 누립니다.

자기 일을 묵묵히 하고,
자기 생각이 굳건해야 합니다

덕과 지성을 갖춘 자, 정의로운 자, 진실을 말하는 자, 자기 일을
묵묵히 해나가는 자, 세상은 이런 사람을 우러릅니다.

말로 표현할 수 없는 것(니르바나)을 향한 갈망이 솟아나고 자기 마
음에 만족하며 욕망 때문에 자기 생각이 흔들리지 않는 자, 이런
사람을 일컬어 '흐름을 거슬러 가는 자'라고 부릅니다.

세상의 비난을 견디며
자신을 다스려야 합니다

침묵해도 비난하고, 말을 많이 해도 비난하며, 말을 적게 해도 비난하니, 이 세상에 비난받지 않는 사람은 하나도 없음을 알아야 합니다.

언제나 비난만 받는 사람도, 언제나 칭송만 받는 사람도 없습니다. 이전에도 없었고, 앞으로도 없을 것이며, 지금도 없습니다.

싸움터에 나선 코끼리가 날아온 화살을 맞고 견뎌내듯, 나 역시 비난을 묵묵히 견딜 것입니다. 세상은 악의가 가득하니.

잘 길든 코끼리는 왕을 태우고 싸움터로 나갑니다. 세상의 비난을 묵묵히 견디며 자신을 다스리는 자야말로 인간 중에 으뜸가는 인간입니다.

나의 주인은 나요,
내가 의지할 곳 또한 나입니다

노새도, 고귀한 품종의 말도, 커다란 상아가 있는 코끼리도 모두 길들이면 좋습니다. 하지만 자신을 길들여 다스리는 이가 훨씬 훌륭합니다.

스스로 자신을 일깨워야 합니다. 스스로 자신을 되돌아보아야 합니다. 그렇게 자기를 지키고 돌아보면, 당신은 행복한 삶을 누릴 것입니다. 나의 주인은 나요, 내가 의지할 곳 또한 나입니다. 그러니 말장수가 좋은 말을 길들이듯 자신을 잘 다스려야 합니다.

고삐를 세게 틀어쥐듯
내 마음을 틀어쥐어야 합니다

예전에 이 마음은 좋아하는 것, 원하는 것, 즐거운 것을 찾아 헤매 다녔습니다. 하지만 이제는 기수가 성난 코끼리의 고삐를 틀어쥐 듯 내 마음을 단단히 틀어쥐어야 합니다.

방심하지 말고 늘 자기 생각을 살펴야 합니다. 진흙탕에 빠진 코 끼리가 스스로 빠져나오듯 악한 길에서 자신을 스스로 끌어내야 합니다.

믿음으로 여울을 건너고, 열의로 바다를 건넙니다

믿음은 이 세상에서 사람에게 으뜸가는 재산이니, 가르침을 잘 지키면 행복이 찾아옵니다. 진리는 모든 맛 중에서 실로 가장 달콤하니, 세간에서는 지혜롭게 사는 삶이야말로 으뜸가는 삶이라고 말합니다.

믿음으로 여울을 건너고, 열의로 바다를 건넙니다. 정진함으로써 괴로움을 이겨내고, 지혜로써 깨끗해집니다.

자기 감각을 수련하며
마음을 한데 모아야 합니다

언제나 참고 견디고 마음을 한데 모으며, 이 세상 그 누구도 해치지 않는 수행자는 이미 존재의 여울을 건너 마음이 소란하지 않고 아무 욕망도 없으니 자비로운 사람입니다.

온 세상에서 안으로나 밖으로 자기 감각을 수련한 사람, 이 세상과 저세상을 꿰뚫어보고선 죽음을 받아들이고 수행 정진하는 사람은 자신을 잘 다스린 사람입니다.

내면이 아닌 다른 곳에서
평온을 찾으면 안 됩니다

내면에서 평온을 찾고, 다른 곳에서 평온을 찾지 말아야 합니다.
내면이 평온한 이에게는 취할 것이 없으니 버릴 것도 없습니다.
깊은 바다 한 가운데서는 파도가 일지 않고 고요히 멈춰 있듯, 아
무 욕망도 없이 고요히 머물고 어떤 것도 집착하지 말아야 합니다.
눈으로 탐하지 말고 세간의 소문에는 귀를 닫아야 합니다. 달콤한
것을 탐하지 말고 세상 그 어떤 것에도 집착하지 말아야 합니다.
병의 손길이 닿아도 한탄하지 말아야 합니다. 어디에서도 존재하
기를 간절히 바라지 말고, 두려움 가운데 떨지 말아야 합니다.

사려 깊게 행동하고,
스스로 절제해야 합니다

신실함은 불멸(니르바나)에 이르는 길이요, 무지는 죽음에 이르는 길이니, 신실한 자는 영원히 살고, 무지한 자는 이미 죽어 있는 것과 마찬가지입니다. 이를 분명히 깨닫고 신실하게 정진하는 자는 그 신실함에 기뻐하고, 이 성스러운 진리 속에서 기뻐합니다.

신실한 자가 자신을 깨우쳐 잊지 않으며 순수하고 사려 깊게 행동하고 스스로 절제하면서 계율에 따라 살아가면, 그의 영광은 더욱더 커집니다.

죄를 떨쳐낸 자는 남을 통해
청정을 구하지 않습니다

우주의 긴 시간(劫, 불교에서의 하나의 겁은 인간이 상상할 수 없을 만큼 긴 시간의 길이를 의미함-옮긴이)에 걸쳐 존재가 소멸하고 다시 태어나는 윤회를 깨닫고, 더러움과 죄에서 벗어나 청정하며 다시 태어남을 겪지 않는 경지에 이른 이를 일컬어 깨달은 사람이라 합니다.

죄를 떨쳐낸 자는 그 무엇도 중요하다고 생각하지 않습니다. 그것이 본 것이요, 들은 것이요, 생각한 것이기 때문입니다.

죄를 떨쳐낸 자는 다른 이를 통해서 청정을 구하지도 않습니다. 그는 그 무엇도 기뻐하거나 슬퍼하지 않기 때문입니다.

죄를 스스로 씻어내야만
비로소 수행자입니다

죄를 자기 손으로 씻어내지 않으면서 가사(袈裟, 승려의 의복인 가사는 그 자체가 수행과 청정을 나타내는 상징으로 여겨짐-옮긴이)만 걸치고 싶어 하며 절제도 진리도 무시하는 자, 그대는 가사를 입을 자격이 없습니다.

그러나 죄를 스스로 씻어내고 모든 덕을 제대로 배웠으며 절제와 진리를 존중하는 자, 그대라면 실로 가사를 입을 자격이 있습니다.

겉치레로 행동하는 자는
결코 수행자가 아닙니다

허공에 길이 없듯, 겉치레로 행동하는 자는 수행자가 아닙니다.
이 세상은 미망에 즐거워하지만 깨달음을 얻은 자는 이런 미망에
서 벗어나 있습니다.
허공에 길이 없듯, 겉치레로 행동하는 자는 수행자가 아닙니다.
이 세상 만물은 덧없이 변해가지만 깨달음을 얻은 자는 절대 흔
들리지 않습니다.

순리에 따라 남을 이끌고,
자신을 지켜야 합니다

정의롭지 않은 자는 강제로 원하는 바를 이룹니다. 현명한 자는
무엇이 옳고 그른지를 분별합니다.
강제가 아니라 배움을 통해 순리에 따라 공평하게 남을 이끌며,
순리에 따라 자신을 지키는 지혜로운 자만이 정의로운 자라고 불
립니다.

평정을 얻는 한마디를
마음속에 늘 새겨야 합니다

아무 의미 없는 천 마디 말보다, 듣고서 평정을 얻는 그런 말이 있
다면 그 한마디 말이 더 낫습니다.

아무 의미 없는 천 마디 시구(詩句)보다, 듣고서 평정을 얻는 그런
시구가 있다면 그 한마디 시구가 더 낫습니다.

아무 의미 없는 천 마디 시구를 외운들, 진리를 전하는 시구를 듣
고 평정을 얻는다면 그 한마디 시구가 더 낫습니다.

자기 육신과 혀를,
자기 마음을 다스려야 합니다

들끓는 분노를 조심하고, 육신을 다스려야 합니다. 육신으로 죄를 짓지 말고, 육신으로 선을 행해야 합니다.

혀를 통해 나오는 말 속에 들끓는 분노를 조심하고, 말을 다스려야 합니다. 말로 죄를 짓지 말고, 말로 선을 행해야 합니다.

마음에 들끓는 분노를 조심하고, 마음을 다스려야 합니다. 마음으로 죄를 짓지 말고, 마음으로 선을 행해야 합니다.

지혜로운 자는 자기 육신을 다스리고 자기 혀를 다스리며 자기 마음을 다스리니, 그야말로 진정으로 자신을 스스로 다스리는 사람입니다.

5장

무소의 뿔처럼 의연하게
혼자 가야 합니다

참된 보물을 알려주는 이를
사귀고 따라야 합니다

만약 참된 보물을 어디에서 찾아야 할지 알려주고 피해야 할 것
이 무엇인지를 보여주며 자신의 결점을 꾸짖어주는 지혜로운 자
를 만난다면 그를 따라야 합니다.

지혜로운 그를 따르는 자에게는 분명 좋은 일이 있을 것입니다.

저속한 자가 아닌 덕 있는 자를
친구로 삼아야 합니다

악을 행하는 자를 친구로 삼지 말아야 합니다. 저속한 자를 친구로 삼지 말아야 합니다.

덕 있는 자를 친구로 삼아야 합니다. 가장 좋은 자를 친구로 삼아야 합니다.

어리석은 자와 함께한다면
오랫동안 괴롭습니다

지혜로운 자를 만나면 좋고, 그의 곁에 함께하면 언제나 행복합니다. 어리석은 자를 만나지 않으면 진정으로 행복합니다.

어리석은 자와 함께 걷는 사람은 오랫동안 괴로움을 겪습니다. 어리석은 자와 가까이 지내는 일은 마치 원수와 가까이 지내는 것처럼 늘 고통스럽습니다. 하지만 지혜로운 자와 가까이 지내면 마치 가까운 친척을 만나는 것처럼 즐겁습니다.

그러므로 확고하고 지혜로우며 많이 배우고 인내심이 강하며 고개를 숙일 줄 아는 자의 뒤를 따라야 합니다. 마치 달이 뭇별이 가는 길을 따르듯, 선하고 지혜로운 자를 따라야 합니다.

자기보다 낫거나 동등한 이를 친구로 사귀어야 합니다

좋은 친구를 얻는 일은 확실히 인생의 행운이니, 우리는 이를 칭송해야 마땅합니다. 단, 자기보다 낫거나 자기와 동등한 친구를 사귀어야 합니다.

그런 친구를 얻지 못하면, 자기에게 허락된 것만 누리면서 코뿔소의 뿔처럼 혼자 가야 합니다.

길을 잃은 나쁜 자와는
절대 사귀지 말아야 합니다

나쁜 친구를 피해야 합니다. 쓸모없는 것만 가르쳐주고 잘못된 길로 빠져들었으니, 육신의 쾌락에 빠져 길을 잃은 자와 가까이 사귀지 말고, 코뿔소의 뿔처럼 혼자 가야 합니다.

배움이 깊고 가르침을 지키며 너그럽고 지혜로운 친구와 가까이 사귀어야 합니다. 만약 그런 친구를 못 만났다면, 만물의 의미를 알고 자기 마음의 의심을 다스리면서 코뿔소의 뿔처럼 혼자 가야 합니다.

함께할 좋은 친구를 얻기란
너무나도 어렵습니다

사람은 자기 이익을 위해 다른 사람을 사귀고 섬깁니다.

아무 동기도 없이 사람을 사귀는 친구를 당신이 얻기란 어렵고,

자기 이익에 밝은 자는 순수하지 않으니, 코뿔소의 뿔처럼 혼자

가야 합니다.

이런 이들은 천한 사람이니
사귀지 말아야 합니다

화내고 마음에 증오를 품으며, 사악하고 위선을 떨며, 그릇된 견해를 품고 남을 속이는 사람이 있다면, 그가 누구든 천한 사람으로 알아야 합니다.

선한 게 무엇인지 묻는 이에게 악한 걸 가르치고, 진실을 숨긴 채 남에게 조언을 건네는 사람이 있다면, 그가 누구든 천한 사람으로 알아야 합니다.

자신을 높이 우러르고 남을 멸시하며 교만 때문에 비열해진 사람이 있다면, 그가 누구든 천한 사람으로 알아야 합니다.

남을 화나게 만들고 탐욕스러우며, 죄가 되는 욕망을 품고 시샘하며, 사악하고 부끄러워할 줄 모르며 죄짓는 일을 두려워하지 않는 사람이 있다면, 그가 누구든 천한 사람으로 알아야 합니다.

이런 이들은 친구라 하지만
당신의 친구가 아닙니다

겸손함을 지키지 않고 무시하며, "나는 친구다"라고 말하면서도 할 수 있는 어떤 일도 떠맡아 돕지 않는 사람이라면, 그는 나의 친구가 아닙니다.

친구에게 아무 소용도 없으면서 입에 발린 달콤한 말만 늘어놓는 사람, 말만 늘어놓고 아무 행동도 하지 않는 사람이라면, 그는 나의 친구가 아닙니다.

언제나 내가 잘못을 범했는지 의심하고 결점만 보는 사람이라면, 그는 나의 친구가 아닙니다.

하지만 자기와 함께 어머니 품에 의지하는 아들처럼 사는 사람, 그는 다른 이가 갈라놓을 수 없으니 그야말로 진정한 친구입니다.

지혜로운 자와 친구가 되는 건
으뜸가는 축복입니다

어리석은 자와 무리 지어 어울리지 않고, 지혜로운 자와 가까이 어울리며 공경받을 만한 자를 공경하는 것, 이것이야말로 으뜸가는 축복입니다.

더는 죄짓지 않고 죄를 멀리하며, 사람을 취하게 만드는 술을 멀리하고 진리의 가르침 속에서 정진하는 것, 이것이야말로 으뜸가는 축복입니다.

온갖 세상일에 부딪혀도 마음이 흔들리지 않으며 슬픔에서 벗어나 번뇌에 물들지 않은 채 평안한 것, 이것이야말로 으뜸가는 축복입니다.

나쁜 사람이 사랑스럽다면
파멸이 시작됩니다

비록 덕 있는 사람인 척 꾸미지만 뻔뻔스럽고, 가문을 더럽히며, 방자하고, 남을 잘 속이고, 절제하지 않고, 말이 많고, 겉으로 착한 척 걸어 다니는 사람, 그는 '길을 더럽히는 사람'입니다.

그에게는 '나쁜 사람'이 사랑스럽습니다. 그는 착한 사람에게 사랑받을 만한 일은 하나도 하지 않으며, 나쁜 사람의 가르침을 받아들입니다. 거기에서 바로 파멸이 시작됩니다.

늘 졸음에 빠져 있고 사람과 어울리기 좋아하며, 무기력하고 게으르며, 쉽게 분노하는 사람이라면, 거기에서 바로 파멸이 시작됩니다.

자선을 베풀고 진실하면
친구를 얻을 수 있습니다

합당한 일을 하고 스스로 짐을 짊어지고 노력하면 부를 얻을 것
입니다. 진실하면 명성을 얻을 것입니다. 자선을 베풀면 친구를
얻을 수 있을 것입니다.

어리석은 자와 동행하느니
차라리 홀로 가야 합니다

자기보다 나은 사람이나 자기와 동등한 사람을 만나지 못한 여행자인 당신!

만약 그렇다면 외로울지언정 차라리 홀로 길을 가야 합니다. 어리석은 자와는 결코 동행할 수 없습니다.

사려 깊은 동반자가 없다면 차라리 홀로 가야 합니다

사려 깊고 지혜로우며 절제하는 동반자를 만난다면, 어떤 위험이 있더라도 이겨내고서 그와 함께 벗하며 가야 합니다.

하지만 사려 깊고 지혜로우며 절제하는 동반자를 만나지 못한다면, 자기가 정복한 나라를 버리고 떠난 왕처럼 홀로 가야 합니다.

어리석은 자와 벗하기보다 홀로 살아가는 것이 낫습니다. 죄를 짓지 말고 바라는 것 없이 숲속의 코끼리처럼 홀로 가야 합니다.

내가 지혜롭지 않다면
누구와 함께해도 헛일입니다

어리석은 자는 평생을 운이 좋아 지혜로운 자와 함께하더라도 진리를 알아차리지 못합니다. 마치 숟가락이 음식 맛을 알아차리지 못하듯이.

하지만 총명한 자는 지혜로운 자와 단 한 순간이라도 함께하면, 마치 혀가 음식 맛을 알아차리듯 진리를 알아차립니다.

자신을 의지처로 삼아 부지런히 노력해야 합니다

그대는 이제 시든 낙엽과 같으니 죽음의 사자가 이미 그대 곁에 서 있습니다. 그대는 죽음으로 떠나는 길목에 서 있지만 노잣돈조차 없습니다. 그러니 자신을 의지처로 삼아 부지런히 노력하고 지혜로워져야 합니다. 더러움을 모두 씻어버리고 번뇌에서 벗어나면, 머지않아 고귀한 천상 세계에 들게 될 것입니다.

이제 그대의 삶은 끝에 이르렀나니 그대는 죽음에 다가가고 있습니다. 죽음으로 가는 길에 쉴 곳 하나 없지만 노잣돈조차 없습니다. 그러니 자신을 의지처로 삼아 부지런히 노력하고 지혜로운 사람이 되어야 합니다. 더러움을 모두 씻어버리고 번뇌에서 벗어나면, 더는 거듭해서 나고 죽는 윤회의 사슬에 들지 않을 것입니다.

무엇에도 흔들리지 말고
묵묵히 내 길을 가야 합니다

단단한 바위가 바람에 흔들리지 않듯, 지혜로운 자는 비난이나 칭찬 그 무엇에도 흔들리지 않습니다.

덕 있는 자는 어떤 일이 닥쳐도 묵묵히 제 갈 길을 가며 쾌락에 겨워 떠들어대지 않습니다. 행복에 겨워하든, 슬픔에 젖든 지혜로운 자는 결코 우쭐대지도, 의기소침해하지도 않습니다.

그저 세상 흘러가는 대로
생각 없이 살면 안 됩니다

다른 이의 의무가 아무리 크더라도 이를 위한답시고 자신의 의무를 소홀히 해서는 안 됩니다. 자신의 의무가 무엇인지 분명히 알았다면 언제나 그 의무에 최선을 다해야 합니다.

악한 길을 따르지 말고, 아무 생각 없이 살지 말아야 합니다. 그릇된 견해를 따르지 말고, 세상 흘러가는 대로 따르며 살지 말아야 합니다.

이끄는 대로 따르지 않고
코뿔소의 뿔처럼 가야 합니다

홀로 앉고 홀로 누워 끊임없이 수행하며 자신을 다스리는 자는

마치 숲속에 사는 것처럼 모든 집착이 사라짐을 기뻐합니다.

나는 철학적 견해의 조야함을 이겨냈고, 자신을 다스릴 수 있게

되었으며, 해탈에 이르는 길에 도달했습니다.

"나에게 지혜가 생겼고 남이 이끄는 대로 따르지 않는다."

이렇게 말하면서 코뿔소의 뿔처럼 혼자 가야 합니다.

누구에게도 기대지 않는 이는
마음이 굳건합니다

누구에게도 기대지 않는 이는 마음이 흔들리지 않습니다.

누군가에게 기대는 이는 온갖 핑계를 대며 존재에 집착해 윤회의

굴레에서 벗어나지 못합니다.

그물에 걸리지 않는 바람처럼
혼자 가야 합니다

소리에 놀라지 않는 사자처럼, 그물에 걸리지 않는 바람처럼, 물에
더럽혀지지 않은 연꽃처럼, 코뿔소의 뿔처럼 혼자 가야 합니다.
강한 이빨로 모든 동물을 제압하고 동물의 왕으로 의기양양하게
걸어가 먼 곳의 거처로 돌아가는 사자처럼, 코뿔소의 뿔처럼 혼자
가야 합니다.

6장

진실되게 말하고,
남을 헐뜯지 말아야 합니다

말한 대로 행하는 이의 말은
향기로 아름답습니다

온갖 색으로 아름다우나 향기 없는 저 꽃처럼, 입에서 말한 대로
행하지 않는 자의 말은 언뜻 듣기에는 그럴듯해도 아무짝에도 쓸
모가 없습니다.

하지만 온갖 색과 온갖 향기로 아름다운 꽃처럼, 말한 대로 행하
는 이의 말은 듣기에도 좋을뿐더러 유익합니다.

말을 잘하는 것보다
진리의 실천이 중요합니다

말을 잘한다고 배운 사람이 아닙니다. 인내심이 있고 미움과 두려움에서 벗어난 자, 그를 배운 사람이라 부릅니다.

말을 잘한다고 진리의 수호자가 아닙니다. 배운 것이 적더라도 그 진리를 몸소 실천하며 절대 소홀히 하지 않는 사람이야말로 진리의 수호자입니다.

시기와 탐욕이 심하고 정직하지 않음에도, 말을 잘하고 용모가 뛰어나다고 해서 존경받을 만한 사람이 되지는 않습니다.

지혜로운 자는 이런 결점이 모두 뿌리째 뽑혀 사라지고 미움에서 벗어나니, 그를 존경받을 만한 사람이라 부릅니다.

거친 말을 들은 사람은
똑같이 거친 말로 응수합니다

누구에게도 거칠게 말하지 말아야 합니다. 거친 말을 들은 사람은
똑같이 거친 말로 응수할 것입니다. 분노에 가득 찬 말은 고통을
불러오고 보복으로 돌아옵니다.

마치 깨진 종처럼 묵묵할 수 있다면 마침내 니르바나에 이르니,
말다툼을 알지 못합니다.

설령 감정이 상하더라도
거칠게 말하지 않아야 합니다

때맞춰 음식과 옷을 얻었으니 이 세상에서 만족하려면 어느 정도
가 적당할지 알아야 합니다.

이런 것들 속에서 자신을 지키고, 세간에서 행동을 조심스레 삼가
며, 설령 감정이 상하더라도 거친 말을 내뱉지 말아야 합니다.

거짓말은 어떤 것이든
무조건 피해야 합니다

정의의 전당인 법정이나 사람이 많이 모인 장소에서 다른 이에게
거짓말을 하지 말아야 합니다.

다른 사람에게 거짓말을 시키거나 다른 사람이 거짓말하는 것을
결코 눈감아주지도 말아야 합니다. 거짓말은 어떤 것이든 무조건
피해야 합니다.

거짓되게 말하는 자는
입으로 죄를 쌓는 것입니다

비난받아 마땅한 자를 칭송하거나 칭송받아 마땅한 자를 비난하
는 사람은 자기 입으로 죄를 쌓는 것이니 그 죄로 인해 어떤 기쁨
도 찾지 못할 것입니다.

거짓을 말하는 자는 지옥에 가고, 무언가를 했으면서도 "내가 하
지 않았다"고 말하는 자 또한 마찬가지로 지옥에 갑니다. 이들은
모두 저열하게 행동한 죄를 지은 자들입니다.

있는 그대로 말하지 않고 거짓을 말하는 자는 지옥에 떨어집니다.
어떤 짓을 하고도 내가 하지 않았다고 시치미 떼는 자도 지옥에
떨어집니다. 이들은 다음 생에서도 악행을 저지릅니다.

남을 속이지 않으며,
험담하지 말아야 합니다

자기 육신이 사라지기 전에 욕망에서 벗어난 이는 시작과 끝에 기대지 않으며 중간도 생각하지 않으니, 그는 그 무엇도 좋아하거나 싫어하지 않습니다.

화내지 않고 두려워하지 않으며, 자랑하지 않고 잘못된 행동을 저지르지 않으며, 지혜롭게 말하고 교만하지 않은 이가 바로 참으로 자기 말을 자제하는 성자입니다.

성자는 미래를 욕망하지 않고 과거를 슬퍼하지 않으며, 감각 속에서 초연함을 보고, 어떤 (철학적) 견해에도 이끌리지 않습니다.

성자는 집착하지 않고, 남을 속이지 않으며, 욕심 부리지 않고, 시샘하지 않으며, 무례하지 않고, 남을 멸시하지 않으며, 험담을 늘어놓지 않습니다.

남을 업신여기지 말고,
자비의 마음을 길러야 합니다

누구도 다른 이를 속이지 말아야 합니다. 어디에서든 누구도 다른
이를 업신여기지 말아야 합니다. 누구도 분노와 원한 때문에 다른
이를 해치려 하지 말아야 합니다.

어머니가 목숨을 걸고 자기 외아들을 지키듯, 그처럼 모든 존재에
게 한량없는 자비의 마음을 길러야 합니다. 위로 아래로 그리고
옆으로, 아무 방해도 받지 않고, 증오도 적의도 품지 말고, 온 세상
을 향해 한량없는 자비(불교에서의 자비란 타인을 위한 깊은 연민과 사랑
을 의미함-옮긴이)의 마음을 길러야 합니다.

말이 진실되고 거칠지 않으면
진정한 수행자입니다

말 속에 전혀 거짓이 없고 말이 유익하고 거칠지 않아 누구에게
도 말로 상처 주지 않는 자를 일컬어 진정한 수행자라고 합니다.
길든 짧든, 크든 작든, 좋든 나쁘든, 이 세상에서 자신에게 주어지
지 않은 것은 그 무엇도 갖지 않는 자를 일컬어 진정한 수행자라
고 합니다.

이 세상에든 다음 세상에든 아무 욕망도 없고 어디에도 마음이
쏠리지 않으며 어디에도 묶이지 않고 자유로운 자를 일컬어 진정
한 수행자라고 합니다.

나쁜 말을 내뱉는 자는
도끼로 자신을 베어버립니다

사람이 태어날 때 그 입에서 도끼가 태어납니다.

어리석은 자는 입으로 나쁜 말을 내뱉으면서 그 도끼로 자신을

베어버립니다.

무고한 자를 비난하면
그 악행이 내게 되돌아옵니다

아무 허물도 없고 티 없이 맑으며 아무 죄도 짓지 않은 사람을 비난하는 어리석은 자는 어떻게 될까요? 바람을 거슬러 던진 고운 먼지가 자기에게 되돌아오듯, 자신의 악행이 어리석은 자신에게로 되돌아옵니다.

누구의 행위도 사라지지 않고 반드시 돌아오니, 행위를 한 주인이 그런 행위를 고스란히 마주할 것입니다. 어리석은 자는 죄를 짓고 저세상에서 스스로 고통을 느낄 것입니다.

다툼을 불러올 말을
남에게 하지 말아야 합니다

조리 있는 말로 자신을 꾸미거나 뽐내지 말아야 합니다. 교만함을
배우지 말고 다툼을 불러올 말을 하지 말아야 합니다.

참으로 선한 이라면 다른 이에게 앙갚음을 하지 않는 법이니, 말
이 많은 수행자에게 많은 말을 듣고서 화가 나더라도 거친 말로
대꾸하지 말아야 합니다.

자기 덕을 스스로 찬양하면
천한 사람이 되고 맙니다

다른 사람이 묻지도 않았는데 남에게 자신의 덕과 행동을 자랑하는 사람! 그는 이렇듯 자신을 자랑하니, 선한 자는 그를 천하다고 말합니다.

하지만 수행자는 마음이 고요하고 행복하기에 자신의 덕을 자랑하지 않습니다. 수행자는 세상 어디에도 욕망을 두지 않으니, 선한 자는 그를 고귀하다고 말합니다.

자신을 꾸며대는 말을
입 밖으로 내면 안 됩니다

자신이 다른 사람에 버금간다거나, 다른 사람보다 뛰어나다거나, 다른 사람보다 열등하다고 여기는 이는 사람들과 다툼을 일으킵니다. 그러나 이런 세 가지 조건에 흔들리지 않는 이에게는 버금간다거나 뛰어나다는 관념 자체가 없습니다.

자신이 남보다 더 낫거나 더 못하거나 남과 같다고 생각하지 말아야 합니다. 아무리 많은 사람이 묻더라도 자신을 꾸며대지 말아야 합니다.

남보다 내가 뛰어나다고
여기지 않아야 합니다

즐거운 것이라도 욕망하지 않고, 교만에 빠지지 않으며, 온화하고 분별이 있으며 잘 속지 않는 이는 그 무엇에도 불쾌함을 느끼지 않습니다.

어떤 것에도 치우치지 않고 항상 마음을 잘 다스려 챙기는 이는 자신이 이 세상에서 남과 같다고도, 남보다 뛰어나다고도, 남보다 못하다고도 여기지 않습니다. 그에게는 아무 욕망이나 마음의 동요도 없습니다.

남의 허물을 들추는 자의
번뇌는 커져만 갑니다

남의 허물은 쉽게 눈에 띄지만 자기 허물은 쉽게 눈에 띄지 않습니다. 남의 허물은 쌀 속의 겨처럼 잘만 골라내면서 자기 허물은 감춥니다. 마치 노름꾼이 속임수로 나쁜 패를 감추듯.

남의 허물을 들춰내서 언제나 그 허물을 나무랄 궁리만 하는 자, 그의 번뇌는 점점 커져만 가고 절대 사라지지 않습니다.

남의 허물과 실수를
입에 올리지 말아야 합니다

깨달은 자라면 남의 허물을 보지 말아야 합니다. 이미 저질렀든, 아직 저지르지 않았든 남의 죄에 눈길을 주지 말아야 합니다. 다만 자신의 허물과 실수만을 돌아봐야 합니다.

평온히 수행하며 고요하고 감정을 가라앉히고 자제하고 꾸밈이 없으며, 다른 모든 존재의 허물을 들춰내지 않는 이야말로 진정한 구도자요 수행자입니다.

남을 가르치는 것보다
나를 아는 게 먼저입니다

각자는 무엇이 올바른지 자신이 먼저 알고 나서야 다른 사람을 가르치도록 해야 합니다. 그리하면 지혜로운 자는 괴로움을 겪지 않을 것입니다.

다른 사람에게 가르친 대로 스스로 행할 수 있다면 자신을 잘 다스릴 수 있고, 나아가 다른 사람을 다스릴 수 있습니다. 진정으로 다스리기 어려운 것은 바로 자기 자신입니다.

자기 주인은 자기 자신이거늘, 다른 어느 누가 자기의 주인일 수 있겠습니까? 자신을 잘 다스리면 찾기 힘든 주인을 찾은 것이나 다름없습니다.

자기 혀를 삼가고,
지혜롭게 말해야 합니다

자기 손과 발을 삼가고 자기 말을 삼가며 자신을 지극히 삼가고
내면에서 기쁨을 얻으며 마음이 안정되고 홀로 만족할 줄 아는
사람, 그를 수행자라고 부릅니다.
자기 혀를 삼가고 지혜롭고 차분하게 말하며 삶의 의미와 진리를
가르치는 그의 말은 달디답니다.

말을 삼가야 하고,
마음을 잘 다스려야 합니다

첫째, 말을 삼가야 합니다.

둘째, 마음을 잘 다스려야 합니다.

셋째, 자기 몸으로 어떤 악업도 절대로 짓지 말아야 합니다.

이 세 가지 길을 마음에 새겨 실천하면 옛 성인이 가르친 그 길에

이를 것입니다.

상대 때문에 성을 내지도,
상대를 성나게 하지도 않습니다

자제하며 악을 범하지 않고, 젊든 나이가 들었든 자신을 잘 다스
리며, 다른 사람 때문에 성내지 않고 다른 사람을 성나게 하지도
않는 사람이라면, 지혜로운 이조차 그를 성자라고 부릅니다.

남의 일에 참견하지 말고
고요하게 머물러야 합니다

남의 일에 공연히 참견하지 말고 명상에 힘써야 합니다. 잘못된 행동을 삼가고, 게으름을 피우지 않으며, 고요한 거처에 머물러야 합니다.

비난에 동요하지 말고, 칭찬에 우쭐대지도 말아야 합니다. 탐욕과 함께 인색함과 분노 그리고 중상모략을 몰아내야 합니다.

자기 독단을 고집하는 이는
늘 다툼을 일으킵니다

자신의 길은 요지부동이라고 말하면서 상대를 어리석다고 깎아
내리는 이는, 상대를 어리석고 청정하지 않은 사람이라고 부르면
서 다툼을 자초합니다.

자기 독단을 고수한 채로 자신을 평가하는 이는 세상에서 더 큰
다툼에 빠져듭니다. 하지만 모든 독단을 버리고 나면 누구도 세상
에서 다툼을 일으키지 않습니다.

공격하고 상처 입히는 논쟁을 멈춰야 합니다

논쟁을 원하는 이들은 모임 속에 뛰어들어 서로 상대를 어리석다고 비난합니다. 칭찬을 바라고, 자신만이 그 문제에 통달한 이라 주장하면서 다른 이들과 다툼을 일으킵니다.

논쟁에 몰두하면서 칭찬받기를 바라는 이는 모든 사람을 마구잡이로 물어뜯습니다. 하지만 주장이 논파되면 불만을 품게 되고, 남의 결점을 찾다가 비난을 받으면 화를 냅니다.

그의 질문을 살펴본 이가 "그가 논쟁에서 패배하고 논파되었다"고 말하면, 그는 논쟁에서 패배한 사실을 두고 슬퍼하며 탄식하고, "그가 나를 이겼다"고 말하면서 울부짖습니다.

이처럼 논쟁의 와중에 서로 공격하고 상처를 입힙니다. 그러므로 논쟁을 멈춰야 합니다. 칭찬을 얻으려 애써봐야 아무 실익도 없기 때문입니다.

논쟁에서 이겼다고 우쭐해지면
곧 패배하게 됩니다

모임의 와중에 논쟁을 깔끔하게 해결하고 칭찬을 받으면, 웃으면서 우쭐해합니다. 자신이 마음에 품었던 대로 논쟁에서 이겼기 때문입니다.

논쟁에서 승리했다고 우쭐해지면, 그것이 곧 패배의 발판이 됩니다. 그럼에도 여전히 교만하고 거만하게 말합니다.

그 누구와도 논쟁하지 말아야 합니다. 청정함은 그런 논쟁으로 이루어지지 않습니다.

'이게 진리'라 주장하는 이와는
논쟁을 피해야 합니다

논쟁이 벌어졌을 때, 특정한 견해를 받아들이고선 '이것만이 진
리'라고 주장하는 이가 있거든 이렇게 말하세요.
"여기에는 당신이 논쟁할 상대가 없소."

모자란 것은 시끄럽고,
가득 찬 것은 고요합니다

협곡과 작은 틈새를 따라 흐르는 물을 보세요. 작은 개울은 시끄
럽게 흐르지만, 큰 바다는 소리 없이 흐릅니다.

모자란 것은 시끄럽고, 가득 찬 것은 고요합니다. 어리석은 자는
절반쯤 물이 찬 물동이 같고, 지혜로운 자는 물이 가득 찬 연못 같
습니다.

7장

평화롭고 자비로운 마음을 가져야 합니다

지금 나의 모든 모습은
내 마음이 빚어낸 결과입니다

지금 우리의 모든 모습은 우리 마음이 빚어낸 결과이니, 그 바탕
에는 우리 마음이 있으며 우리 마음으로 이루어집니다. 나쁜 마음
으로 말하거나 행동하면 고통이 따르니, 마치 수레바퀴가 수레를
끄는 소의 발을 따라가는 것과 같습니다.

지금 우리의 모든 모습은 우리 마음이 빚어낸 결과이니, 그 바탕
은 우리의 마음과 생각으로 이루어집니다. 순수한 마음으로 말하
거나 생각하면 행복이 따르니, 마치 그림자를 절대 떨쳐내지 못하
는 것과 같습니다.

흔들린 마음을 잘 다스리면
행복이 따라옵니다

마음은 지키기도 어렵고, 자제하기도 어렵습니다. 하지만 지혜로운 자는 마치 화살 만드는 이가 굽은 화살을 곧게 펴듯 들뜨고 흔들린 마음을 곧게 다스립니다.

우리 마음은 마라(마왕)의 손아귀에서 벗어나려고 애씁니다. 마치 물속 안식처에서 잡혀 메마른 땅바닥에 던져진 물고기처럼 온몸을 떨며 몸부림칩니다.

마음은 잡아두기 어렵고 변덕스러우니 원하는 곳이라면 어디로든 달려갑니다. 이런 마음을 다스리는 일은 진정으로 훌륭합니다. 마음을 잘 다스리면 행복이 따라옵니다.

마음은 보이지 않고 미묘하니 원하는 곳이라면 어디로든 달려갑니다. 지혜로운 자라면 자기 마음을 지키도록 해야 합니다. 마음을 잘 지키면 행복이 따라옵니다.

마음이 그릇되게 가는 것만큼
더 큰 해악은 없습니다

미워하는 자에게 보내는 미움보다, 적에게 보내는 적의보다, 마음
이 그릇된 방향으로 이끌려 갈 때만큼 우리에게 더 큰 해악은 없
습니다.

부모나 다른 어떤 친지가 주는 것보다, 마음이 올바른 방향으로
이끌려 갈 때만큼 우리에게 더 큰 도움은 없습니다.

마음의 평정이 흔들리면
지혜를 완성하지 못합니다

마음이 확고하지 못할뿐더러 진정한 이치를 알지 못해 마음의 평
정이 흔들리면, 그 사람은 결코 지혜를 완성하지 못합니다.

마음이 온갖 탐욕에서 벗어나 혼란스럽지 않으며, 선악에 얽매여
생각하지 않으니, 그렇게 깨어 있는 자에게는 아무런 두려움이 없
습니다.

이 몸이 항아리처럼 깨지기 쉬움을 깨달아야 합니다. 이 몸은 머
지않아 땅으로 돌아가리니, 마치 쓸모없는 나무토막처럼 버림받
고 아무도 돌봐주지 않을 것입니다. 그러니 이 마음을 성곽처럼
단단히 다지고서야 지혜를 무기 삼아 마라(마왕)를 공격해 물리쳐
야 합니다. 그러고나서는 절대 쉼 없이 그를 경계해야 합니다.

마음이 더러워지지 않도록
경계하고 주의해야 합니다

평정심을 길러야 합니다. 세간에서 비난도 받고 칭송도 받겠지만
마음이 더러워지지 않도록 주의해야 합니다. 교만하지 않고, 평온
하게 살아야 합니다.

'그가 내 것을 앗아갔다'는
생각에서 벗어나야 합니다

'그는 나를 욕하고 때렸으며 나를 물리치고 내 것을 앗아갔다'라
는 생각에 빠져 있으면 미움에서 절대 벗어나지 못합니다.
'그는 나를 욕하고 때렸으며 나를 물리치고 내 것을 앗아갔다'라
는 생각에 빠져 있지 않을 때야 비로소 미움에서 벗어납니다.

미움은 미움으로 멈추지 않고
사랑으로 멈춥니다

미움은 미움으로 멈추는 법이 없고 사랑으로 멈추나니, 이것이야
말로 변치 않을 영원한 진리입니다. 이 사실을 깨닫는다면 온갖
다툼이 사라집니다.

우리를 미워하는 자를 미워하지 말고 행복하게 살아야 합니다. 우
리를 미워하는 자들 사이에서 살더라도 우리는 미움에서 벗어난
삶을 살아야 합니다.

탐욕스러운 자들 사이에서
탐욕 부리지 않아야 합니다

병을 앓는 자들 사이에서 병 없이 행복하게 살아야 합니다. 병을
앓는 자들 사이에서 병들지 않은 삶을 살아야 합니다.

탐욕스러운 자들 사이에서 탐욕 부리지 말고 행복하게 살아야 합
니다. 탐욕스러운 자들 사이에서 탐욕 부리지 않는 삶을 살아야
합니다.

그 무엇도 내 것이라 부르지 않으면서 행복하게 살아야 합니다.

그러면 행복을 먹고사는 밝은 신들처럼 살아갈 것입니다.

그저 나이만 먹지 말고
진정한 어른이 되어야 합니다

머리카락이 희어졌다고 어른이 되지 않습니다. 그저 나이만 먹은 사람은 부질없이 늙어버린 속 빈 늙은이일 뿐입니다.

진리를 추구하고 덕이 있으며 자비가 있고 자제력을 발휘해서 절도 있게 사는 자, 온갖 더러움에 때 묻지 않고 지혜로운 자야말로 진정한 어른입니다.

마음속 번뇌를 끊어내야
해탈에 이를 수 있습니다

계율(불교 수행자가 지켜야 할 규범이나 윤리적 규칙을 의미함-옮긴이)을 지
키겠다고 서약한다고 해서, 많은 배움을 얻었다고 해서, 선정(불교
에서의 선정은 심리적 안정과 내적 통제를 이룬 명상 상태를 의미함-옮긴이)에
들었다고 해서, 세상 사람은 알지 못할 해탈의 큰 기쁨을 얻은 것
이 아닙니다.

그러니 마음속 번뇌를 모두 끊어내기 전에는 해탈에 이르렀다고
확신하지 말아야 합니다.

크든 작든 언제나 악을
누그러뜨리며 살아야 합니다

계율을 지키지 않고 거짓을 말하는 자는 머리를 깎았더라도 수행자가 아니니, 여전히 욕망과 탐욕에 사로잡혀 있거늘, 그가 어찌 수행자일 수 있겠습니까? 크든 작든 언제나 악을 누그러뜨리는 이야말로 모든 악을 잠재웠기에 참된 수행자입니다.

그저 탁발(출가한 스님들이 아침마다 그릇을 들고 집집마다 돌아다니며 음식을 얻는 불교의 수행법-옮긴이)만 한다고 해서 수도자가 아닙니다. 탁발만 하는 게 아니라 모든 계율을 따르는 이가 진짜 수도자입니다. 선과 악을 넘어서고 영혼이 순결하며 진리에 따라 지혜롭게 행동하는 이야말로 진정한 수행자입니다.

절제와 명상을 실천하면
온갖 속박이 사라집니다

몸과 말과 마음이 고요하고 마음을 모아 이 세상의 온갖 유혹을
떨쳐낸 수행자는 '고요한 사람'이라고 불립니다.

지혜가 없는 자는 명상하지 않고, 명상하지 않는 자는 지혜가 없
습니다. 지혜를 갖추고 명상하는 이는 니르바나에 가까워집니다.

수행자가 '절제와 명상'이라는 두 가지 법으로 니르바나라는 생
의 저쪽 기슭에 닿았다면, 지혜를 얻은 수행자에게서 온갖 속박이
사라집니다.

정념과 증오, 오만과 위선이
떨어져 나가야 합니다

깊이 깨닫고 지혜로우며, 무엇이 참된 길이고 무엇이 그른 길인지를 분별해 으뜸가는 선에 이르러야 합니다.

증오를 품은 이들 사이에서도 증오를 품지 않고, 폭력을 쓰는 이들 사이에서도 평온을 지키며, 무엇이든 집착하는 이들 사이에서 그 무엇에도 집착하지 않아야 합니다.

바늘 끝에서 겨자씨가 떨어지듯, 정념과 증오, 오만과 위선이 모두 떨어져 나가게 해야 합니다.

진리 아닌 것은 진리가 아님을
아는 자가 되어야 합니다

진리 아닌 것을 진리라 여기는 자, 진리를 진리가 아니라 여기는
자는 헛된 욕망을 따를 뿐이니 결코 진리에 이르지 못합니다.
진리가 진리이며, 진리 아닌 것은 진리가 아님을 아는 자는 참된
욕망을 따르는 것이니 진리에 이릅니다.

비록 삶이 힘들다 하더라도
진리를 좇아야 합니다

수치를 모르고 낯이 두꺼우며, 중상모략을 일삼고 남을 헐뜯고 뻔

뻔스러우며 비열한 자들은 삶을 편하게 삽니다.

하지만 부끄러움을 알고 늘 청정함을 구하며, 집착하지 않고 차분

하며 아무 흠도 없고 진리를 좇는 자들은 삶을 힘들게 삽니다.

남을 속이지 않고,
교만함이 없어야 합니다

교만함 없이 진실하고, 남을 속이지 않으며, 중상모략을 하지 않
고 분노하지 말며, 탐욕과 인색함을 이겨내야 합니다.

거짓에 이끌려 빠지지 말고, 형상에 애착을 두지 말아야 합니다.

교만을 꿰뚫어보고 살아가면서 폭력을 삼가야 합니다.

남을 시샘하는 자는
마음의 평화를 얻지 못합니다

자신이 얻은 것을 결코 가볍게 여기지 말며, 다른 이를 시샘하지도 말아야 합니다. 남을 시샘하는 수행자는 마음의 평화를 절대로 얻지 못합니다.

자신이 얻은 것이 비록 보잘것없더라도 얻은 것을 가볍게 여기지 않으며 그 삶이 청정하고 게으르지 않은 수행자는 하늘의 신조차 칭송합니다.

굳건해진 마음에는
탐욕이 쉬이 깃들지 못합니다

성글게 이은 지붕에 비가 스미듯, 수행으로 굳건해지지 않은 마음
에는 탐욕이 쉬이 깃듭니다.

탄탄히 이은 지붕에 비가 스미지 못하듯, 수행으로 굳건해진 마음
에는 탐욕이 쉬이 깃들지 못합니다.

자신에게 묻은 더러움을
조금씩 닦아내야 합니다

금속을 세공하는 사람이 은붙이 속에서 불순물을 걸러내듯, 지혜
로운 자는 자신에게 묻은 더러움을 하나하나 조금씩 조금씩 닦아
냅니다.

쇠에서 녹이 생기고 녹이 쇠를 먹어 들어가듯, 악행을 범한 자는
자기 행동으로 스스로 악한 길에 접어듭니다.

분노와 교만의 힘에
굴복하지 말아야 합니다

도둑질하지 말고, 거짓말하지 말아야 합니다. 약한 존재든, 강한
존재든 자애로 대해야 합니다.

마음의 동요를 불러일으키는 것이라 여겨지면 그것을 몰아내야
합니다. 그것은 마라(마왕)와 한 패거리입니다.

분노와 교만의 힘에 굴복하지 말고, 그 뿌리를 뽑아내고 살아가야
합니다. 즐거운 것이나 괴로운 것이나 모두 이겨내야 합니다.

부당한 방법으로 성공하기를
바라면 안 됩니다

부귀나 권세를 바라지 않으며 부당한 방법으로 성공하기를 바라지 않는 자가 있다면, 그가 바로 선하고 지혜로우며 덕 있는 사람입니다.

선한 일을 하거든,
그 일을 거듭해서 해야 합니다

서둘러 선한 일을 하려거든, 마음에서 악함을 멀리해야 합니다.
선한 일을 게을리하는 자의 마음은 악함에서 기쁨을 얻습니다.
죄를 지었거든, 다시는 그 죄를 짓지 못하게 하고 죄에서 기쁨을
느끼지 못하도록 해야 합니다. 고통은 악함에서 비롯됩니다.
선한 일을 하거든, 그 일을 거듭해서 하도록 하고 그런 선한 일에
서 기쁨을 느끼도록 해야 합니다. 행복은 선함에서 비롯됩니다.

조그만 악이라고
가벼이 여기면 안 됩니다

마음으로 '이거 별거 아니겠지'라고 속으로 생각하며 조그만 악이라고 가벼이 여기지 말아야 합니다. 물방울이 떨어져 항아리를 가득 채우듯 어리석은 자는 악을 조금씩 조금씩 쌓아가다가 결국에는 온통 악으로 가득 차게 됩니다.

마음으로 '이거 별거 아니겠지'라고 속으로 생각하며 조그만 선이라고 가벼이 여기지 말아야 합니다. 물방울이 떨어져 항아리를 가득 채우듯 지혜로운 자는 선을 조금씩 조금씩 쌓아가다가 결국에는 온통 선으로 가득 차게 됩니다.

함부로 생명을 죽이거나
죽게 하지 말아야 합니다

누구나 폭력을 두려워하고, 누구나 죽음을 두려워합니다. 이런 이치를 자기 몸에 견주어 함부로 생명을 죽이거나 죽게 하지 말아야 합니다.

누구나 폭력을 두려워하고, 누구나 삶을 사랑합니다. 이런 이치를 자기 몸에 견주어 함부로 생명을 죽이거나 죽게 하지 말아야 합니다.

선한 자의 덕은
결코 사라지지 않습니다

왕이 타던 찬란한 전차도 낡아 부서집니다. 우리의 육신도 늙어
무너져갑니다.

그러나 선한 자의 덕은 선한 이에게서 선한 이로 전해지는 것이
니 결코 사라지지 않습니다.

베풂을 통해 기뻐하고,
내세에서 축복을 누립니다

인색한 자, 어리석은 자는 도무지 베풀 줄 모릅니다.

지혜로운 자는 베풀면서 기뻐하고, 그런 베풂을 통해 다음 세상에

서 축복을 누립니다.

이 세상에서 선행을 쌓고
저세상으로 가야 합니다

오랜 세월 객지를 떠돌던 사람이 무사히 집으로 돌아오면 친척과
친구와 그를 사랑하는 이들이 그를 반갑게 맞이합니다.

선행을 쌓고 이 세상을 떠나 저세상으로 향할 때, 자신이 그간 행
했던 선행이 그를 반가이 맞아줍니다. 마치 가족이 사랑하는 이의
귀가를 반기듯.

덕을 행하면서
자비롭게 살아야 합니다

믿음이 있고 덕을 행하며, 명성이 있고 번영을 누리는 자는 어디를 가든 존경을 받습니다.

자비롭게 살고, 자기에게 주어진 의무를 다해야 합니다. 그러면 기쁨이 넘쳐흘러 모든 고뇌를 말끔히 씻어낼 것입니다.

8장

악행은 다음 생에
내게로 꼭 되돌아옵니다

악을 행하는 자는
내세에서도 비통해합니다

악을 행하는 자는 이 세상에서도, 다음 세상에서도 비통해하니, 두 세상 모두에서 한결같이 비통해합니다. 그는 자신이 범한 악행을 고통에 잠겨 바라보면서 비통해합니다.

덕을 행하는 자는 이 세상에서도 다음 세상에서도 기뻐하니, 두 세상 모두에서 한결같이 기뻐합니다. 그는 자신이 행한 덕행을 바라보며 기뻐하고 즐거워합니다.

악을 행하는 자는
내세에서도 고통받습니다

악을 행하는 자는 이 세상에서도, 다음 세상에서도 고통을 받으니, 두 세상 모두에서 고통받습니다. 그는 자신이 이미 저지른 악행을 생각하면서 고통받고 악한 길을 걸어가면서 더욱 크게 고통받습니다.

덕을 행하는 자는 이 세상에서도, 다음 세상에서도 행복하니, 두 세상 모두에서 행복합니다. 그는 자신이 이미 행한 선행을 생각하며 행복해하고 선한 길을 걸어가면서 더욱 크게 행복해합니다.

악을 행하는 자는
내세에서도 불행합니다

자기 행복을 구한다면서 행복을 갈구하는 다른 존재에게 폭력을
가하거나 죽이는 자는 다음 생에서도 행복을 찾지 못합니다.
자기 행복을 구하면서 행복을 갈구하는 다른 존재에게 폭력을 가
하지도 않고 죽이지도 않는 자는 다음 생에서 반드시 행복을 찾
을 것입니다.

온갖 향기가 있다고 해도
으뜸은 덕의 향기입니다

한 무더기의 꽃으로 온갖 꽃다발을 만들 수 있듯, 사람도 태어난
이상 수만 가지 좋은 일을 이루어낼 수 있습니다.

꽃향기는 바람을 거슬러 퍼지지 못합니다. 백단의 향기도, 타가라
나 말리카 꽃향기라 해도 그러합니다(백단이나 타가라, 말리카, 재스민
은 모두 향기가 강한 식물로, 향수나 오일의 원료, 차나 약용으로 쓰임-옮긴이).
하지만 선한 이의 향기는 바람을 거슬러 퍼집니다. 선한 이의 선
행은 사방으로 퍼져 나갑니다.

백단이나 타가라 향기, 연꽃이나 재스민 향기, 온갖 향기가 있다
고 해도 이 중 으뜸은 덕의 향기입니다. 타가라와 백단에서 나는
향기는 미미하고 약합니다. 오로지 덕을 지닌 자의 향기만이 강하
니 마침내 신들이 머무는 천상까지 높이 솟아오릅니다.

쓰레기 같은 자들 사이에서도
연꽃 같은 이가 나옵니다

길가에 버려진 쓰레기 더미에서 한 송이 연꽃이 피어나 은은한 향기를 피워내며 기쁨을 줍니다.

이와 마찬가지로 진정으로 깨달음을 얻는 부처의 제자는 마치 쓰레기와 같은 자들, 어둠 속을 걷는 자들 사이에서 자신이 깨달은 지혜로 빛을 발합니다.

내가 저지른 악업의 결과는
사라지지 않고 무르익습니다

악을 범한 자라고 해도, 자신이 저지른 악업의 결과가 무르익지
않은 동안은 행복을 누립니다. 하지만 자신이 저지른 악업의 결과
가 무르익으면 크나큰 고통을 당합니다.

선을 행한 자라고 해도, 자신이 행한 선행의 결과가 무르익지 않
은 동안은 수난의 시간을 겪습니다. 하지만 자신이 행한 선행의
결과가 무르익으면 크나큰 행복을 얻습니다.

자신이 저지른 악업의 결과는
크나큰 고통입니다

어리석은 자는 악업을 저지르고도 그 일이 악업임을 알지 못합니다. 하지만 악한 자는 자신이 저지른 악업으로 마치 불에 타는 듯한 고통을 겪습니다.

스스로 저지른 악업, 스스로 낳고 스스로 기른 악업은 마치 금강석이 다른 보석을 부수듯 어리석은 자를 부숴놓습니다.

제 주변의 나무를 싸고 올라가는 덩굴처럼 자신의 악업이 매우 큰 자는 원수가 자신에게 그리되길 바라는 상태로 자신을 끌어내립니다.

내가 저지른 악업은
반드시 내게로 되돌아옵니다

악의 없고 순수하며 무고한 사람을 괴롭히면, 그런 악업은 바람 앞에 날린 티끌이 자신에게 되돌아오듯이 악업을 범한 어리석은 자에게 반드시 되돌아옵니다.

악한 자는 지옥에 떨어지고,
선한 자는 천계에 오릅니다

어떤 이는 다시 태어납니다. 악을 범한 자는 지옥에 떨어지고, 의
로운 자는 천계(불교에서의 천계는 하늘의 세계를 의미하는데, 중생들이 살
고 있는 인간계와는 달리 천계는 육체적 고통이 적은 세계이나 아직 궁극적인 깨
달음에 이르지는 못한 자들이 모인 세계임-옮긴이)에 오릅니다. 하지만 속
세의 모든 욕망에서 벗어난 자는 니르바나에 이릅니다.

악을 범하지 않는 자에게는
악도 미치지 못합니다

손에 아무 상처도 없으면 그 손으로 독을 만질 수 있으니, 독은 상처 없는 손에 아무 탈도 미치지 못합니다. 이렇듯 악을 범하지 않는 자에게는 악도 미치지 못합니다.

자신이나 타인에게 해가 되는
행동을 하기는 쉽습니다

악한 행동, 즉 자신이나 타인에게 해가 되는 행동을 하기는 매우
쉽습니다. 하지만 자신이나 타인에게 도움이 되는 선한 행동을 하
기란 매우 어렵습니다.

악을 행하는 것은
자기 뿌리를 파내는 것입니다

누군가 진리의 길을 거스르고 밥 먹듯 거짓을 말하고 또 다른 세
상을 비웃는다면, 그가 범하지 못할 악행은 하나도 없습니다.
살아 있는 생명을 함부로 죽이고, 거짓을 말하며, 이 세상에서 자
신에게 주어지지 않은 것을 취하고 남의 아내를 범하는 자, 그리
고 술에 빠진 자는 이 세상에서 자기 뿌리를 파내고 있음을 명심
해야 합니다.

덕을 행할 때
신에게 보다 더 가까워집니다

첫째, 진실을 말해야 합니다.

둘째, 분노에 굴복하지 말아야 합니다.

셋째, 작은 것이라도 달라고 하면 베풀어야 합니다.

이 세 가지 덕을 행하면 신에게 가까워집니다.

선과 악을 분별해야 하며,
악을 버려야 합니다

침묵을 지킨다고 해서 어리석고 무지한 이가 현자가 되지는 않습니다. 지혜로운 이가 저울에 달듯 선을 택하고 악을 버리니 그가 바로 현자입니다.

선을 택하고 악을 버리면 그것으로 그는 현자입니다. 이 세상에서 선과 악을 분별할 줄 알면 그를 일컬어 현자라고 합니다.

살아 있는 뭇 생명을 해치는 자는 현자가 아닙니다. 살아 있는 뭇 생명을 가엾게 여기는 자를 일컬어 현자라고 합니다.

자신의 악업을 씻어낸 자는
이 세상을 환히 비춥니다

선한 사람은 높이 솟은 눈 덮인 산맥처럼 아주 멀리서도 빛납니다. 하지만 악한 사람은 한밤중에 날아가는 화살처럼 눈에 보이지 않습니다.

전에는 무모했으나 이제 정신을 차린 자는, 구름을 벗어난 달처럼 이 세상을 환히 비춥니다. 자신이 저지른 악업을 선한 행동으로 씻어낸 자는 구름을 벗어난 달처럼 이 세상을 환히 비춥니다.

오랜 세월 죄로 가득한 자는
더러움을 씻기가 어렵습니다

거친 말을 일삼고 짐승처럼 남을 해치면서 기뻐한다면 그런 자의
삶은 매우 악한 것이요, 자신의 더러움은 더욱 커져만 갑니다.
오랜 세월에 걸쳐 가득 찬 오물 구덩이처럼 죄로 가득한 자는 그
더러움을 깨끗이 닦아내기가 어렵습니다.

악에서 벗어나고,
불순함을 털어내야 합니다

악에서 벗어났기에 수행자라고 합니다.

행동이 고요하기에 구도자라고 합니다.

자신에게 묻은 불순함을 털어냈기에 출가자라고 합니다.

나중에 뉘우칠 잘못된 일은
아예 하지 않아야 합니다

잘못된 일을 하면 나중에 뉘우치기 마련이니, 잘못된 일은 아예
하지 않는 편이 좋습니다.
옳은 일을 하면 나중에 후회할 일이 없으니, 사양하지 말고 옳은
일을 행해야 합니다.

부끄러워해야 할 일은
진정 부끄러워해야 합니다

부끄러워하지 않아야 할 일을 부끄러워하고, 부끄러워해야 할 일
은 부끄러워하지 않으면 그 사람은 그릇된 가르침을 받아들인 것
이니 악한 길에 들어섭니다.

두려워하지 말아야 할 일을 두려워하고 두려워해야 할 일을 두려
워하지 않으면 그 사람은 그릇된 가르침을 받아들인 것이니 악한
길에 들어섭니다.

금해야 할 일은
진정 금해야 합니다

금하지 말아야 할 일을 금하고 금해야 할 일은 금하지 않으면, 그 사람은 그릇된 가르침을 받아들인 것이니 반드시 악한 길에 들어섭니다.

금해야 할 일을 금하고 금하지 말아야 할 일을 금하지 않으면, 그 사람은 올바른 가르침을 받아들인 것이니 반드시 선한 길에 들어섭니다.

옳지 못하다고 알려진 행동은
하지 말아야 합니다

이 세상에서 옳지 못하다고 알려진 것이라면, 그게 무엇이든 그것

을 하겠다고 잘못 행동하지 말아야 합니다.

지혜로운 자들이 말하노니, "이번 생은 짧습니다."

비열한 행동이라면
어떤 것도 하지 말아야 합니다

지혜로운 다른 이들이 꾸짖을 만한 비열한 행동이라면 어떤 것도
하지 말아야 합니다. 존재하는 모든 것들이 행복하고 평안하길!
약하거나 강하거나, 길거나 중간이거나 짧거나, 크거나 작거나,
존재하는 모든 생명이 행복하길!
보이거나 보이지 않거나, 멀리 살거나 가까이 살거나, 이미 태어
났거나 태어나려고 하는, 존재하는 모든 생명이 행복하길!

어떤 존재라도 해치는 일은
반드시 삼가야 합니다

이 세상에서 강한 존재든, 두려움에 떨고 있는 약한 존재든 그 어떤 존재라도 해치는 일을 삼가야 합니다.

살아 있는 어떤 존재도 죽이지 말고, 죽게 내버려두지 말고, 다른 이가 죽이는 것을 눈감아주지도 말아야 합니다.

어리석은 자들은 술에 취해 죄를 짓고, 다른 사람도 취하게 만듭니다. 어리석은 자나 기뻐할 이런 죄의 근원, 이런 광기, 이런 어리석음을 피해야 합니다.

살아 있는 존재라면 그 무엇도 살생하지 말고, 자기에게 주어지지 않은 것은 취하지 말아야 합니다. 거짓말하지 말고, 술에 빠지지 않으며, 부정한 성적 행위를 삼가고, 밤에 피해야 할 음식을 먹지 말아야 합니다.

스스로 악업을 행하지 않으면
스스로 청정해집니다

스스로 악업을 행하면 스스로 고통을 겪습니다. 스스로 악업을 행하지 않으면 스스로 청정해집니다.

청정함과 불순함은 모두 자신에게 달려 있으니, 누구도 다른 이를 청정하게 하지 못합니다.

욕망과 증오는 이 몸에서 일어나고, 미움과 기쁨과 두려움도 모두 이 몸에서 일어납니다. 까마귀를 괴롭히는 아이처럼 이 마음을 어지럽히는 의심도 이 몸에서 일어납니다.

남을 해치지 말고,
남을 모욕하지 말아야 합니다

죄를 짓지 말고, 선한 일을 행하며, 자기 마음을 청정히 해야 합니다. 이 모두 깨달음을 얻은 자의 가르침입니다.

깨달은 자는 인내를 일컬어 최고의 수행(고행)이라고 하고, 오래 참음을 일컬어 최고의 니르바나라고 합니다. 남을 해치는 자는 참된 은둔자가 아니요, 남을 모욕하는 자는 참된 수행자가 아닙니다.

남을 비난하지 않고 해치지 않으며 계율을 지키며 절제된 삶을 살고 음식을 절제하고 홀로 자고 앉으며 가장 고귀한 생각에 마음을 바쳐야 합니다. 이 모두 깨달음을 얻은 자의 가르침입니다.

나의 즐거움을 위해
남에게 고통을 주면 안 됩니다

자신이 즐겁겠다고 남에게 고통을 안기는 자는 증오의 사슬에 묶여 절대 증오에서 벗어나지 못합니다.

탐욕과 부정과 증오만큼
거친 물살은 없습니다

자제하지 못함은 죄악이니, 탐욕과 부정으로 기나긴 고통을 받지
말아야 합니다.

정념만큼 뜨거운 불길은 없고, 증오만큼 질긴 밧줄은 없습니다. 어
리석음보다 단단한 그물은 없고, 탐욕만큼 거친 물살은 없습니다.

마라의 군대를 무찔러야
참된 기쁨을 얻습니다

욕망은 마라(마왕)의 첫 번째 군대요, 불만족은 두 번째 군대이고, 굶주림과 목마름은 세 번째 군대요, 갈망은 네 번째 군대라 불립니다. 게으름과 무기력함은 다섯 번째 군대요, 비겁함은 여섯 번째 군대이고, 의심은 일곱 번째 군대요, 위선과 고집은 여덟 번째 군대라 불립니다. 이득과 명성, 명예와 거짓으로 얻은 영예는 아홉 번째 군대요, 자신을 높이고 남을 경멸하는 것은 열 번째 군대입니다.

마라(마왕)여, 이것이 그대의 군대요, 어둠의 군대입니다. 오직 용맹한 이만이 이 군대를 무찌를 수 있으니 이 군대를 무찌르고 나서 기쁨을 얻습니다.

늙어서까지 지속되는 덕행은
매우 기쁜 일입니다

일이 생기면 도움을 줄 벗이 있음은 기쁜 일이요, 원인이 무엇이
든 만족할 줄 아는 것 또한 기쁜 일입니다. 죽음의 순간에 선행은
기쁜 일이요, 번뇌를 모두 버리는 것은 더욱 기쁜 일입니다.

늙어서까지 지속되는 덕행은 기쁜 일이요, 굳게 뿌리내린 믿음도
기쁜 일입니다. 지혜를 얻는 일도 기쁜 일이요, 죄를 피하는 것도
기쁜 일입니다.

군중의 심리와 행동에 대한 날카롭고도 위대한 통찰

귀스타브 르 봉의 군중심리

귀스타브 르 봉 지음 | 값 12,000원

똑똑한 개인이라도 집단 속에 들어가면, 군중의 일부가 되면 왜 그리 비이성적이고 충동적으로 변하는 걸까? 사회심리학의 영원한 고전 『귀스타브 르 봉의 군중심리』가 초역본으로 재탄생되었다. 현대에도 이 책은 여전히 인간과 사회에 대한 예리하고 깊은 고찰을 제공하며, '군중'이라는 틀 속에서 사회 구성원의 행태를 이해하는 데 큰 도움을 주는 매우 귀중한 자료이다. 이 책이 단순한 지식 전달을 넘어, 인간과 사회에 대한 깊은 성찰을 제공하는 계기가 되어줄 것이다.

스스로를 돕는 것은 언제나 강력한 힘이 된다

새뮤얼 스마일즈의 인생 수업

새뮤얼 스마일즈 지음 | 값 15,000원

누구나 인생에서 마주할 수 없는 역경을 잘 극복해서 성공하고 행복하기를 꿈꾼다. 새뮤얼 스마일즈의 『자조론(Self-Help)』에서 현대인들에게 꼭 필요한 '자조(自助)'의 원칙만을 선별해 담은 이 책은 그 해답을 알려준다. '스스로 돕는다'는 자조의 정신을 보인 대가들이 자기 수양을 하고 인격을 쌓아 역경을 성공적으로 극복한 실제 사례들을 모아 그 방법과 중요성을 설파한다. 자기 자신을 잘 돌보고 목표를 성취하기 위한 동기부여가 필요하다면 이 책이 도움이 될 것이다.

살아갈 힘을 주는 니체 아포리즘

니체의 인생 수업

프리드리히 니체 지음 | 값 15,000원

내가 살아가는 목적을 모르겠다면, 현재의 삶이 괴롭고 고통스럽다면 니체의 생생한 목소리를 담은 이 책을 읽자! 채우기보다는 비워내 나 자신을 찾아 삶의 위기를 의연하게 이겨내길 당부하는 니체 특유의 디톡스 철학, 생(生) 철학이 고된 우리의 현실을 이겨내고 다시 살아갈 힘을 준다. 이 책에는 우리가 알아야 할 인생의 모든 지혜가 담겨 있다. 겉만 번지르르한 관념적인 인생 조언이 아니라 냉엄한 현실을 살아가는 데 도움이 되는 생생하고 구체적인 실천 수칙들이 가득하다.

살아갈 힘을 주는 쇼펜하우어 아포리즘

쇼펜하우어의 인생 수업

아르투어 쇼펜하우어 지음 | 값 14,900원

행복과 인생의 본질, 인간관계의 본질, 학문과 책의 본질 등 인생 전반에 대한 쇼펜하우어의 직설적인 조언을 담은 인생 지침서다. 쇼펜하우어는 이 책에서 인생은 고통 그 자체지만 이 고통이 살아갈 힘을 준다고, 부는 행복에 큰 영향을 끼치지 않는다고, 남에게 평가받기 위해 인생을 낭비하지 말라고, 불행은 혼자 있을 수 없는 데서 생기기에 인간은 고독해야 한다고 전한다.

사람의 마음을 움직이는 38가지 설득 요령

쇼펜하우어의 내 생각이 맞다고 설득하는 기술

아르투어 쇼펜하우어 지음 | 값 13,500원

이 책은 대화하는 사람들의 내면에 잠재된 인간 본성을 들춰냄으로써 인간의 오류를 예리하게 지적한다. 나아가 논리학에서 다루는 쟁점 사항의 객관적인 진리에 도달하기 위해, 궁극적으로 상대로부터 몰아치는 공격에서 허위와 기만의 껍새를 포착하고 그것에 적절히 대처할 수 있어야 한다고 당부한다. 이 책은 그러한 위험 신호를 감지하는 민첩성과 예민함을 길러주는 훌륭한 지침서가 되어줄 것이다.

인간에 대한 위대한 통찰

몽테뉴의 수상록

미셸 몽테뉴 지음 | 값 12,000원

가볍지도 과하지도 않은 무게감으로 몽테뉴는 세상사의 다양한 주제들에 대해 본인의 견해를 자신 있고 담담하게 풀어낸다. 이 책을 읽으며 나의 판단이 바른지, 내가 지금 제대로 살고 있는지, 앞으로 어떻게 살아야 하는지 등을 수없이 자문해보자. 원초적인 동시에 삶의 골자가 되는 사유를 함으로써 의식을 환기하고 스스로를 성찰하며 인생의 전반에 대해 배우는 계기가 될 것이다.

자기를 온전히 믿고 살아가라

에머슨의 자기 신뢰

랠프 월도 에머슨 지음 | 값 12,000원

이 책은 인간이 자기 신뢰를 기초로 행동함으로써 더 나은 성취를 이룰 수 있다는 깊은 통찰이 담긴 에세이다. 에머슨은 '자신을 믿는 사람은 세계에서 가장 강한 사람'이라고 말한다. 자기 신뢰를 실천하면 내 안에 잠들어 있던 놀라운 힘을 발견하게 된다는 것이다. 이 책을 읽는 독자는 자신을 믿고 자신의 능력에 자부심을 가짐으로써 더 큰 성공을 얻고 만족스러운 삶을 살아갈 수 있을 것이다.

자신과 마주하고 지혜롭게 살아가기

아우렐리우스의 명상록

마르쿠스 아우렐리우스 지음 | 값 11,000원

마르쿠스 아우렐리우스는 로마제국을 20년 넘게 다스렸던 16대 황제다. 그는 로마에 있을 때나 게르만족을 치기 위해 진영에 나가 있을 때 스스로를 반성하고 성찰하는 내용을 그리스어로 꾸준히 기록했다. 그 결과물이 바로 『명상록』이다. 마음가짐을 어떻게 가져야 하는지, 삶과 죽음에 대한 바람직한 태도는 무엇인지, 변하지 않는 세상의 본질은 무엇인지 등을 들려주고 있어 곱씹으며 음미하면서 책장을 넘기게 될 것이다.

우리는 어떻게 살아야 하는가

발타자르 그라시안의 인생 수업

발타자르 그라시안 지음 | 값 15,000원

이 책은 스페인의 대철학자 발타자르 그라시안의 인생에 대한 뛰어난 통찰력과 인간관계의 본질에 대한 직설적인 조언을 담은 인생지침서다. 발타자르 그라시안은 좋은 사람인 척 살아가기보다는 세상의 본질을 알고 지혜를 갖출 때 내 삶은 행복해진다는 메시지를 전하고 있다. 이 책에서 만날 수 있는 현명하고 솔직한 직언으로 자기 자신의 모습을 되돌아보며 삶을 살아갈 힘을 얻어보자.

살아갈 힘을 주는 세네카 아포리즘

세네카의 인생 수업

루키우스 안나이우스 세네카 지음 | 값 14,500원

세네카가 남긴 12편의 에세이 중 대중들에게 가장 널리 알려진 6편의 에세이를 한 권으로 엮어 펴낸 책이다. 편역서의 특성상 현대의 독자들이 이해하기 힘들거나 시대적·역사적·문화적으로 거리가 먼 내용들은 과감히 삭제하고, 현대인들이 실질적으로 자신들의 삶에 적용할 수 있을 만한 핵심 내용만을 추려 간결하고 압축된 형식으로 소개한다.

어떻게 살아야 행복할 수 있는가

톨스토이의 인생론

레프 톨스토이 지음 | 값 11,000원

레프 톨스토이는 세계적인 대문호이자 위대한 사상가이기도 하다. 그는 인생에 대해 끊임없이 고뇌하고 거기서 얻은 사상을 현실에서 구현하려고 노력했다. 15년에 걸쳐 집필한 결과물이 바로 이 책 『인생론』이다. 이 책은 톨스토이가 직접 쓴 글은 물론이고 동서양을 막론한 수많은 작품과 선집에서 톨스토이가 직접 선별한 내용을 담고 있다. 인생의 지혜를 톨스토이 특유의 짧고 간결한 문장으로 만나볼 수 있을 것이다.

인간의 행복은 어디에서 오는가

아리스토텔레스의 인생 수업

아리스토텔레스 지음 | 값 15,000원

당신은 행복한가? 어떤 삶이 행복한 삶일까? 이 책은 행복은 무엇이며, 어디에서 비롯되는지를 정리한 아리스토텔레스의 『니코마코스 윤리학』을 재편역한 것으로, 현시대 독자들이 쉽게 접근할 수 있는 내용을 엄선해 담았다. 다소 난해하고 관념적인 내용과 현시대와 맞지 않은 내용들은 덜어내고 정리했다. 지금 삶의 목적과 방향을 모르겠다면, 진정으로 행복하게 살고 싶다면 읽어야 할 책이다.

치솟는 화에 맞서 내 영혼을 지키는 법
세네카의 화 다스리기

루키우스 안나이우스 세네카 지음 | 값 12,000원

세네카의 책이 쓰인 지 2천 년이 넘는 세월이 흘렀지만 현대인들은 여전히 자신의 화를 통제하지 못하고 많은 문제에 휩싸인 채 살아간다. 세네카는 이 책을 통해 인간에게 화가 왜 불필요한지, 화라는 감정의 실체는 무엇인지, 화의 지배에서 벗어나 화를 통제하고 다스리는 법은 무엇인지를 다양한 예화를 곁들여 이야기한다. 별것 아닌 일에 쉽게 욱하고, 돌아서면 후회할 일에 쉽게 화를 내는 사람들에게 이 책을 권한다.

리더십과 인간의 진실은 무엇인가
마키아벨리의 군주론

니콜로 마키아벨리 지음 | 값 12,000원

누구나 잘 알지만 읽지 못했거나 혹은 오해와 편견으로만 대했던 불멸의 고전인 『군주론』이 리더십의 정수를 꿰뚫는 인문서로 다시 태어났다. 완독과 의미 파악이 쉽지 않았던 원문을 5개의 테마로 나누어 새롭게 재편집했으며, 마키아벨리의 추종자임을 자처하는 딜로이트 컨설팅 김경준 대표가 해제를 더했다. 이 책은 인간이 살아가는 현실에 대한 귀중한 통찰력의 원천이 될 것이다.

무엇을 위해 살고, 무엇을 사랑할 것인가?
위대한 철학자들의 죽음 수업

몽테뉴 외 지음 | 값 15,000원

이 책은 위대한 철학자 5인의 '죽음에 대한 생각'을 한 권의 책으로 묶어낸 고전 편역서다. 고대에서부터 현대까지 수많은 철학자들이 답을 찾고자 매달려온 철학적 주제이자, 영원히 풀리지 않을 숙제인 '죽음'에 대한 남다른 고찰이 엿보인다. 책을 관통하는 메시지는 '죽음에 대한 이해를 통해 삶을 더욱 온전히 이해할 수 있다'는 것이다. 철학자들의 인간 본질에 대한 통찰과 지혜가 담긴 죽음 수업은 죽음을 이해하고 현명한 삶을 살게 하는 열쇠가 되어줄 것이다.

인생을 어떻게 살아야 할 것인가
에픽테토스의 인생을 바라보는 지혜

에픽테토스 지음 | 값 12,000원

내면의 자유를 추구했던 에픽테토스의 철학과 통찰을 담았다. 현실에 적용 가능한 구체적이고 실천적인 에픽테토스의 철학을 내면에 습득해 필요한 상황이 올 때마다 반사작용처럼 적용할 수 있다면, 그 어떤 역경과 어려움 앞에서도 굴하지 않고 꿋꿋하게 살아남아 최후의 승리자가 될 수 있을 것이다. 현실에 좌절하고 힘들어하는 모든 현대인들에게 에픽테토스의 철학이 담긴 이 책을 권한다.

■ 독자 여러분의 소중한 원고를 기다립니다

메이트북스는 독자 여러분의 소중한 원고를 기다리고 있습니다. 집필을 끝냈거나 집필중인 원고가 있으신 분은 khg0109@hanmail.net으로 원고의 간단한 기획의도와 개요, 연락처 등과 함께 보내주시면 최대한 빨리 검토한 후에 연락드리겠습니다. 머뭇거리지 마시고 언제라도 메이트북스의 문을 두드리시면 반갑게 맞이하겠습니다.

■ 메이트북스 SNS는 보물창고입니다

메이트북스 홈페이지 matebooks.co.kr

홈페이지에 회원가입을 하시면 신속한 도서정보 및 출간도서에는 없는 미공개 원고를 보실 수 있습니다.

메이트북스 유튜브 bit.ly/2qXrcUb

활발하게 업로드되는 저자의 인터뷰, 책 소개 동영상을 통해 책에서는 접할 수 없었던 입체적인 정보들을 경험하실 수 있습니다.

메이트북스 블로그 blog.naver.com/1n1media

1분 전문가 칼럼, 화제의 책, 화제의 동영상 등 독자 여러분을 위해 다양한 콘텐츠를 매일 올리고 있습니다.

메이트북스 네이버 포스트 post.naver.com/1n1media

도서 내용을 재구성해 만든 블로그형, 카드뉴스형 포스트를 통해 유익하고 통찰력 있는 정보들을 경험하실 수 있습니다.

STEP 1. 네이버 검색창 옆의 카메라 모양 아이콘을 누르세요.   STEP 2. 스마트렌즈를 통해 각 QR코드를 스캔하시면 됩니다.
STEP 3. 팝업창을 누르시면 메이트북스의 SNS가 나옵니다.